Pierre Pellizzari

RIPULIRE I PROPRI ORGANI

Un facile fai da te

Sesta edizione

Pierre Pellizzari
Ripulire i propri organi

Prima edizione giugno 2005; ristampe: ottobre 2005, febbraio 2006, ottobre 2006, febbraio 2007. Seconda edizione febbraio 2008. Terza edizione dicembre 2008; ristampe: maggio 2009, settembre 2009. Quarta edizione febbraio 2010. Quinta edizione novembre 2010; ristampe: marzo 2011, novembre 2011, novembre 2012, gennaio 2012. Sesta edizione aprile 2013
Edizioni Il Punto d'Incontro, Via Zamenhof 685, 36100 Vicenza,
Tel. 0444239189, Fax 0444239266, www.edizionilpuntodincontro.it
Finito di stampare nell'aprile 2013 presso la tipografia CTO, Via Corbetta 9, Vicenza

ISBN 978-88-8093-458-5

Robert St John, il padre di "Metamorfosi" (il massaggio metamorfico), non voleva scrivere un libro su questa sua scoperta, perché sosteneva che tutto è troppo dinamico, che non ci sono verità assolute e che al momento di pubblicarlo, il libro sarebbe già scaduto o da aggiornare…

Ho voluto correre il rischio di fissare alcuni concetti di una salute dinamica. Spero che questi principi vi permettano di apprezzare tale salute, senza dimenticare che in ogni momento siamo persone nuove, persone diverse, per le quali quello che era giusto ieri non è necessariamente giusto oggi…

Cerchiamo di riconoscere l'essenza, il buon senso, evitando il fanatismo e ricordando che ognuno di noi è unico ed è in equilibrio dinamico nella sua situazione esistenziale attuale. Ognuno di noi è perfetto così com'è e rappresenta un equilibrio dinamico: chi si ferma e non evolve, cade o si mummifica…

Indice

Ringraziamenti

I miei ringraziamenti vanno a tutti gli autori o maestri che, generosamente, mi hanno fornito i tasselli necessari per giungere a questo libro.

Di alcuni di questi conosco solo gli scritti (vedi asterisco), tuttavia, mi sento molto vicino a loro e sono molto riconoscente per quello che mi hanno dato.

Swami Amar Jyoti, René Quinton*, dottoressa Hulda Clark*, dottoressa Kousmine*, Deva Prashantam, Enrica Artaria, Shyam Singha, dottor Gihad Hassan Katrib, Mimo Boato, Robert Lombardi, Helène Magariños, Claudio Tormen.

Ringrazio in particolare Erica (vedi la prima esperienza in "Pulizia del fegato") per essersi sottoposta con caparbietà a quasi tutti i metodi di pulizia e per aver condiviso con me il suo percorso di guarigione.

Ringrazio tutti coloro che mi hanno reso partecipe delle loro esperienze e "sperimentazioni".

Chiedo alle persone che applicheranno le tecniche di pulizia descritte di inviarmi e-mail di condivisione, anche in caso di esperienza negativa, per arricchire eventuali future edizioni e consentire ad altri di trarne profitto. Vi ringrazio anticipatamente.

Premessa

Nel 1997 sono stato in India e ho soggiornato alcune settimane a Poona, nell'ashram del maestro illuminato Swami Amar Jyoti (Prabushri), autore del bellissimo libro *Lo Spirito dell'Himalaya* (vedi Bibliografia).

Durante quel soggiorno, Egli mi permise di consultare liberamente la libreria dell'ashram e trovai, fotocopiata, la prima edizione del libro di Hulda Clark, *The Cure for all Cancers*. Rimasi affascinato dalla semplicità, dalla generosità e dal coraggio con cui questa dottoressa divulgava le sue teorie, ma anche le sue invenzioni e i suoi "segreti".

La mia passione per le terapie "alternative" e di semplice applicazione era già nata in precedenza e questo mi spinse a mettere subito in pratica su me stesso le indicazioni della Clark, ricavandone un maggior benessere fisico.

Poi, negli anni seguenti, ho continuato a leggere e a sperimentare su me stesso le tecniche e le scoperte di vari autori e maestri, condividendo quelle che ritenevo valide con amici e persone in via di guarigione. Scrivevo dei consigli, trascrivevo le esperienze fatte, ne facevo fotocopie che distribuivo.

Ora provo a raggrupparle. Di una cosa sono certo: la loro applicazione è benefica e in certi casi può ristabilire uno stato di salute "traballante".

Se con il vostro corpo vi sembra di guidare una Fiat 500 su una strada stretta e piena di curve, più "pulizie" farete tra quelle descritte nel testo, più aumenteranno la cilindrata della vostra macchina e l'ampiezza della strada e, se le fate tutte, vi sembrerà di guidare una Mercedes in un'autostrada a tre corsie e priva di traffico.

Ognuno di noi è diverso per costituzione o metabolismo. Sicuramente ci possono essere consigli e trattamenti migliori, forse in successive edizioni potrò introdurre rettifiche o miglioramenti; per ora ho solo fatto del mio meglio e continuo a leggere e a sperimentare... Vi consiglio di fare altrettanto.

Quando l'editore Il Punto d'Incontro mi ha fatto vedere in anteprima la copertina, mi è piaciuta moltissimo. Ho però avuto il pensiero che l'atteggiamento della donna raffigurata fosse "troppo spirituale". Eppure, tra le nozioni che mi avevano incoraggiato a scrivere questo libro, c'era la lettura di alcuni brani in francese dell'*Evangile Essénien* (il Vangelo esseno). Mi sono dato da fare per trovarlo in italiano e ho scoperto *Il Vangelo esseno della pace*. Ho letto tutto il libro e sono stato sorpreso di trovarvi tante similitudini con i miei consigli di pulizia... inoltre, ho apprezzato l'importanza che viene attribuita alla connessione tra il benessere fisico e l'evoluzione spirituale e questo mi ha fatto approvare con entusiasmo e piena convinzione la copertina del "mio" libro. Mi ha anche invogliato a suggerire ai miei lettori la lettura di questo "vangelo" (vedi Bibliografia).

Agosto 2010

Dopo anni di pubblicazioni, di incontri con persone in-via-di-guarigione e di testimonianze ricevute, consiglio sempre alle persone di iniziare subito, immediatamente, con la pulizia del fegato-cistifellea (vedi più avanti nel testo). Questa procedura si esegue in meno di 24 ore, con grande facilità, a un costo quasi nullo (quasi nessuno utilizza l'ornitina), con risultati immediati ed entusiasmanti. Dopo aver fatto questa esperienza, diventa impossibile non voler eseguire tutte le pulizie degli altri organi.

Gennaio 2013

Questa nuova edizione segue l'uscita sul mercato della traduzione del libro in francese e in spagnolo. Avendo dovuto rileggere queste traduzioni, ho potuto apportare delle migliorie (aggiunte, correzioni o aggiornamenti).

Ho quindi ritenuto importante rivedere completamente anche il testo italiano. Non c'è nessuno sconvolgimento dei concetti già espressi nelle precedenti edizioni, però il testo si arricchisce di qualche nozione in più e scioglie anche alcuni dubbi o imprecisioni che i lettori mi hanno segnalato.

Infine, con la diffusione sempre maggiore del concetto di "epigenetica", la parte che chiamo "Pulizia psicologica" si dimostra sempre più utile e indispensabile ed è stato necessario svilupparla. Spero che i lettori non trascureranno questo aspetto e non si limiteranno alle pulizie "fisiche".

Introduzione

È cosa ormai risaputa che il nostro corpo agisce come un filtro nei confronti di tutto quello che vi penetra (cibo, acqua, ma anche aria ed emozioni) e che in alcuni casi è un concentratore di prodotti indesiderabili che vi si accumulano.

Si sa, per esempio, che i pesci grossi e carnivori del mare presentano un contenuto di mercurio e di piombo molto più elevato di quello dei pesci piccoli e vegetariani. Ciò è dovuto al fatto che questi metalli pesanti vengono accumulati nel corpo (anche nel nostro) attraverso l'ingerimento di infime quantità presenti nell'alimentazione. Perciò, i pesci piccoli ne accumulano una piccola parte, mentre i grandi non solo ne hanno di più proporzionalmente per le loro dimensioni maggiori, ma anche perché, nutrendosi di pesci piccoli, mangiano dei "concentrati" di metalli pesanti.

Così, l'essere umano che si nutre di carne o di pesce presenterà delle percentuali di metalli pesanti superiori rispetto a quelle di un vegetariano. Inoltre, le quantità aumenteranno nella misura in cui il mare o i pascoli e l'aria degli animali macellati sono esposti all'inquinamento.

Oltre alle tossine che ci giungono dall'ambiente, siamo esposti anche ad alcuni parassiti contenuti nei cibi che ingeriamo oppure che ci vengono trasmessi da altre persone attraverso contatti fisici. La tenia è l'esempio più conosciuto e ci permette di capire come degli "animali" riescano ad ambientarsi nel nostro intestino, crescendo, riproducendosi e quindi sottraendoci quantità di elementi nutrienti (per la loro crescita si nutrono di sostanze che altrimenti servirebbero al nostro organismo) e causando disturbi meccanici di ingombro (quando aumentano di dimensione o creano delle "colonie") e quindi problemi di digestione.

La zecca è un altro esempio: si tratta di un animale che si insedia sotto la pelle, nutrendosi del nostro sangue, provocando infiammazioni e soprattutto riproducendosi in modo tale da colonizzare in maniera sempre più estesa lo strato cutaneo.

Questi due esempi ci fanno capire

che possiamo essere "colonizzati" da parassiti (funghi, batteri, virus, vermi, insetti ecc.) nelle varie parti del corpo.

Prima di ripulire i vari organi, è dunque opportuno fare una pulizia generale "accurata" dell'organismo, cercando di eliminare i parassiti e gli accumuli di metalli pesanti e di tossine.

Le indicazioni che seguono provengono da varie fonti, tra cui i consigli della dottoressa Clark che attribuisce addirittura l'insorgenza del cancro alla presenza di un determinato parassita nell'organismo del malato (vedi *La cura di tutte le malattie*, in Bibliografia). Personalmente non condivido questa ipotesi di causa-effetto, mentre *sostengo e ho potuto verificare la validità delle teorie di Hamer che vanno sotto il nome di "Nuova Medicina", per quanto riguarda le cause di insorgenza del cancro e delle malattie onco-equivalenti, senza nulla togliere all'utilità di un organismo esente da elementi di disturbo*. Ricerche mirate potrebbero verificare se un tumore, provocato secondo la Nuova Medicina da uno shock biologico, non favorisca, nel suo decorso, la presenza di parassiti…

I metodi della dottoressa Clark sono molto validi e in varie occasioni ho potuto verificarne l'efficacia; spesso hanno contribuito a straordinari recuperi di salute. Alcune delle affermazioni della Clark possono sembrare discutibili o esagerate, ma ripeto che i suoi sistemi di pulizia hanno aiutato parecchie persone a risolvere problemi e squilibri di salute che si trascinavano da anni.

Segnalo che il suo libro (che avevo studiato in inglese) è ora disponibile in Italiano (vedi Bibliografia).

Alcuni rigettano i metodi della dottoressa Clark sostenendo che non funzionano, visto che anche lei è deceduta a causa di un tumore (mieloma multiplo). A questo rispondo che è morta a 81 anni e che fino alla morte era apparentemente in perfetta salute. Se è vero che ha avuto un mieloma, ricordo che secondo Hamer ciò corrisponde alla fase di soluzione-riparazione di un lungo conflitto di svalutazione. Questo non sorprende affatto, se si considerano le critiche e la persecuzione che doveva subire costantemente da parte della medicina ufficiale. Come già detto, non ho alcun dubbio sulla validità dei suoi metodi. Quello che metto in discussione è il fatto che il cancro possa essere attribuito alla presenza di un parassita nell'organismo.

Bisogna aggiungere che siamo vittime di un inquinamento più subdolo, che ci "rimbecillisce", attraverso i mass media e ci riempie la testa di tante cose inutili, sottoponendoci a insonnia, nevrastenia, rabbia... pensate solo a quanti omicidi (e penso anche ai bambini) ci tocca vedere in poche ore di TV...

Questo inquinamento prende il nome di stress, frustrazione, violenza, menzogna...

Accumuliamo stress per la sola frenesia del mondo che ci circonda...

Accumuliamo violenza per la massa di notizie "negative" che riceviamo...

Accumuliamo frustrazioni per tutti i limiti che la nostra società impone alla nostra libertà con le sue leggi, la sua burocrazia, il senso onnipresente della "responsabilità", per tutte le menzogne che ci vengono propinate come fossero verità, per l'impossibilità di sfogare emozioni represse...

Un libro sulla pulizia dell'organismo non poteva ignorare questo tipo di "parassiti". Saranno quindi necessarie tecniche di un altro tipo a cui si farà cenno nell'ultimo capitolo.

Infine, c'è ancora un'altra forma di inquinamento molto più subdola, messa in atto attraverso manipolazioni delle masse da parte dei mass media per motivi commerciali e forse per ordine di un potere occulto. Se volete saperne di più, leggete alcuni libri delle edizioni Andromeda o leggete la rivista "Nexus", consultate il sito www.disinformazione.it. Forse non tutto quel che troverete sarà vero, ma c'è tanto su cui riflettere... L'unico modo valido di reagire consiste nell'aumentare il proprio livello di consapevolezza e un bel modo di farlo parte dal prendersi cura del proprio fisico, dei propri organi.

Per quanto riguarda i nomi dei prodotti o gli indirizzi forniti, questi vengono indicati a fin di bene, senza interesse personale. Sicuramente esistono prodotti equivalenti o migliori, oppure fornitori che non conosco; alcuni dati possono anche essere superati o non più validi... Ho solo cercato di aiutare il più possibile i lettori che vorranno applicare questi metodi e mi scuso con chi meritava di essere citato e non lo è stato.

In quale ordine si eseguono le varie pulizie? Se non avete una situazione di salute urgentemente preoccupante, eseguitele nell'ordine descritto cioè: metalli pesanti, parassiti, reni, fegato, intestino, e le altre in base alle vostre necessità. Se però nutrite dei dubbi e volete essere convinti della validità e dell'utilità di quanto proposto da questo libro, cominciate con la pulizia del fegato, che è veloce e ha effetti spettacolari.

Non dimentichiamo che ognuno di noi è un essere unico, con i suoi punti forti e le sue debolezze. I metodi che sono spiegati nel libro sono abbastanza generici e di solito non hanno controindicazioni. Ciò non toglie che chi li applica deve farlo con serenità e responsabilità, consapevole dei propri limiti: se ho uno stiramento muscolare non farò alcuni esercizi, se soffro di cuore non farò un bagno caldissimo ecc.

Nota importante: per tutte le tisane, usate acqua *senza cloro*, cioè minerale (in bottiglia di vetro), filtrata (con filtri a carbone attivo oppure osmosi inversa), o bollita.

Parte prima

TECNICHE DI PULIZIA

Eliminazione dei metalli pesanti (e non solo)

Questo tipo di pulizia dovrebbe essere eseguito da tutti. È la prima pulizia da fare, a meno che non si soffra di un problema di salute urgente, che richiede un intervento di emergenza su un organo specifico.

Le persone, che presentano una situazione patologica grave, possono passare subito alla parte riguardante la pulizia dai parassiti e dedicarsi in un momento successivo o contemporaneamente all'eliminazione dei metalli pesanti...

Riassumo quanto detto nell'introduzione: ogni essere vivente è un "concentrato" di metalli pesanti, che si trovano in natura (soprattutto, ma non solo, a causa dell'inquinamento) e gli esseri carnivori sono "concentrati di concentrati". Inoltre, se nella nostra bocca ci sono amalgame (al 50% a base di mercurio), è presente una fonte dalla quale il metallo pesante si diffonde poco a poco, molto lentamente.

Si sa che i metalli pesanti sono pericolosi e dannosi anche in quantità infinitesimali. Si accumulano nel corpo che, non potendo eliminarli, li immagazzina nei tessuti, dove creano disturbi al funzionamento dell'organismo. Quindi, per interrompere l'effetto dovuto alle amalgame, è anche opportuno affidarsi a un dentista "alternativo" e far sostituire le amalgami con resina.

Per difendersi dai metalli pesanti e da altre sostanze nocive (come per esempio lo zolfo), il corpo li "incista", o crea dei "cheli". Questi cheli sono delle grosse molecole che imprigionano i cationi di alcuni metalli (o minerali) che l'organismo dovrebbe poter utilizzare per equilibrarsi o per liberarsene.

Quando questi cationi rimangono nel corpo, tendono ad accumularsi in alcune zone, in particolare nel cervello. Sembra che possano contribuire all'insorgenza di alcune patologie, come l'Alzheimer. Questo fenomeno è generalmente dovuto all'inquinamento da zolfo, piombo, mercurio, rame, zinco, argento, oro ecc. In realtà, il nostro corpo ha bisogno di questi elementi, ma in quantità molto piccole. Quando la quantità diventa eccessiva, si produce il fenomeno di "chelazione" che equivale a una inibizione funzionale di parte dell'organismo.

Tramite l'analisi dei prodotti di eliminazione del corpo (sudore, urina, feci), si è scoperto che l'assunzione omeopatica di rocce (litoterapia) ha un effetto liberatorio e ristabilisce l'equilibrio funzionale.

I litoterapici sono stati codificati dagli omeopati francesi e i loro nomi commerciali sono pertanto francesi.

La loro diluizione è sempre D8. Sono confezionati in fiale. Una delle ditte produttrici più rinomate e affidabili è la Boiron. Si consiglia l'assunzione di una o due fiale al giorno (mattino e sera). In caso di assunzione contemporanea di due litoterapici, prendete l'uno o l'altro a giorni alterni. Si fanno trattamenti periodici di una ventina di giorni (durata di una confezione). Generalmente i litoterapici non sono disponibili come farmaci "da banco", ma occorre ordinarli in farmacia.

In considerazione del fatto che gli squilibri principali sono imputabili a uno degli agenti inquinanti maggiori (lo zolfo) e a un rapporto squilibrato con l'ambiente, dovuto a carenze di alcuni minerali, si consiglia come trattamento di base:

- **Soufre Natif** (zolfo nativo) D8 - una fiala al mattino nei giorni dispari.
- **Sel gemme** (Salgemma) D8 - una fiala al mattino e una alla sera nei giorni pari.

Chi fosse stato esposto ad altri agenti inquinanti o soffrisse di problemi di salute specifici, può assumere quanto segue:

- mercurio (amalgami, estetisti): Cinabre D8 - una fiala al dì.
- reumatismi, allergie: Chalcopyrite aurifère D8 - una fiala al mattino e una alla sera.
- fegato, reni, intestino: alla sera una fiala di Pyrolusite D8 e una di Blende D8.

Per ottenere 21 giorni di trattamento, nel caso di assunzione di 2 fiale al dì, occorre prendere due confezioni.

Consiglio sempre di mescolare il meno possibile i trattamenti omeopatici, perciò a chi volesse assumere i prodotti diversi dal Soufre Natif e Sel Gemme consiglio di fare un secondo trattamento di 21 giorni con detti prodotti; eventualmente questo secondo trattamento può essere abbinato al trattamento di "Eliminazione dei parassiti" che è spiegato più avanti.

ESPERIENZE

Un'amica terapista ha preso i litoterapici indicati e ha osservato di avere nei primi dieci giorni di trattamento un'urina più verde e di odore più forte. Contemporaneamente sentiva una crescente leggerezza di funzionamento del suo organismo. Mi disse: "Non avrei mai creduto che questi prodotti omeopatici potessero avere risultati così evidenti sul fisico".

Un'altra persona ha avuto come reazione un fortissimo eritema su tutta la pancia, che è durato 10 giorni ed è scomparso così come era arrivato.

Un'altra persona ha comunicato che la sua urina era diventata più verde e più odorante nei primi giorni di assunzione del sel-gemme.

Per approfondire queste pulizie, rivolgetevi a un medico omeopata o a un naturopata. Segnalo un esempio di un buon composto omeopatico dechelante ad ampio spettro: "Chelom" della CSM. *Dosaggio*: 4 volte al giorno 10 gocce sottolingua.

Metodo di eliminazione "naturale"

Risulta da recenti ricerche scientifiche che l'assunzione regolare di coriandolo (una spezia simile al prezzemolo chiamata in Sud America "cilantro", pronuncia "silantro") abbassa notevolmente i livelli di intossicazione da mercurio, piombo e alluminio. Il coriandolo si può consumare in semi che si macinano come il pepe, oppure in foglie, come il prezzemolo.

È facilmente reperibile a basso costo nei negozi di alimenti etnici.

Un altro metodo naturale ed efficace da segnalare è il consumo di alghe; preferibilmente micro-alghe (es.: Klamath e Clorella). Numerosi studi (spesso giapponesi) confermano l'efficacia delle alghe. Queste sono inoltre spesso utili per il trattamento di malattie del sistema nervoso e un'associazione spagnola che si occupa di epilessia mi ha confermato che il consumo dell'alga clorella realizzava miracoli (effettuate una ricerca in Internet con le parole "alga, clorella, epilessia, efficace" o consultate il sito www.bioclorella. com). L'alga clorella ha un effetto dechelante ad ampio spettro.

Eliminazione dei parassiti

Cura anti-parassiti

La cura originale è stata ideata dalla dottoressa Hulda Clark. Quello che segue è una "semplificazione" del metodo. Se volete conoscere il metodo originale e completo, fate riferimento al libro o ai fornitori dei prodotti del "protocollo" Clark (vedi Bibliografia o Indirizzi utili).

Ingredienti

- estratto alcolico di mallo verde di noci, chiamato nel testo *gocce*.
- chiodi di garofano macinati, chiamati nel testo *chiodi*.
- foglie di *Artemisia Absynthia* macinate (gli erboristi la vendono spesso chiamandola "assenzio"), chiamate nel testo *arte*.

Nota: Ultimamente, in Italia, la vendita dell'assenzio è stata vietata, perché ad altissimi dosaggi risulta velenoso. La Clark lo sapeva e lo specifica nei suoi libri aggiungendo di non aver mai riscontrato problemi. Però, stando così le cose, se non lo trovate, dovrete rinunciare alla possibilità di prepararvelo da soli. Da notare che per alcuni digestivi amari si continua a usarlo...

Preparazione degli ingredienti

Attualmente tutti questi ingredienti sono reperibili già pronti: la tintura di mallo di noci, le capsule di artemisia e le capsule di chiodi di garofano direttamente presso uno degli indirizzi indicati a fine libro per i "prodotti Clark", o presso alcune erboristerie o addirittura grandi negozi di prodotti biologici.

Se preferite prepararli voi stessi, seguite le istruzioni:

Sia i *chiodi* che le *arte* vengono prodotti polverizzandoli con un pestello. Sappiate che polverizzarli a mano richiede un lavoraccio! I chiodi sono troppo duri e l'artemisia troppo morbida. In alternativa, bisogna usare un macinacaffè.

Per le *arte*, è meglio poi passarle (ovviamente a secco) in un colino di maglia non troppo fine. La parte legnosa che non passerà (e sarebbe difficile da ingerire) potrà essere conservata e utilizzata per preparare delle tisane digestive (molto amare).

Questi due "prodotti" vengono poi usati a dosi di punta di cucchiaio da caffè, che si possono ingoiare con miele; oppure, devono essere inseriti in capsule di cialda o "globuli" di tipo farmaceutico previste per altri prodotti (misura media).

Queste capsule possono contenere da 200 a 600 mg di prodotto, a seconda della sua densità.

Per quanto riguarda le *gocce*, occorre raccogliere in autunno delle noci con il mallo ancora verde, quando sono pronte per maturare. Dovete pelarle, togliendo questa buccia verde e inserendola in un recipiente di vetro, che riempirete. Fate attenzione: il mallo è una potente tintura marrone non facile da eliminare dalle mani (si usa anche per tingere i capelli). Se adoperate guanti, preferite quelli di tipo chirurgico, disponibili in farmacia e non quelli per il fai da te.

Aggiungete nel recipiente, fino all'orlo, alcool commestibile (di grano, vino, grappa o vodka), di 70 o più gradi, di origine biologica, evitando le bevande "profumate". Aggiungete un cucchiaino di vitamina C in polvere (acido ascorbico, reperibile in farmacia) per ogni 250 ml. Agitate e lasciate riposare almeno un mese.

Dopo un mese potete togliere le bucce, oppure lasciarle. Per l'uso, trasferite una parte della tintura così ottenuta in una bottiglietta contagocce, diluendola con l'aggiunta di un terzo d'acqua.

ASSUNZIONE

"Chiodi" e "Arte" si riferiscono a capsule con polvere rispettivamente di chiodi di garofano e artemisia assenzio, "Gocce" a gocce di tintura di mallo di noce

1° giorno:	colazione:	3 gocce / 3 chiodi
	pranzo:	3 gocce / 3 chiodi
	cena:	3 gocce / 3 chiodi / 2 arte
2° giorno:	colazione:	4 gocce / 3 chiodi
	pranzo:	4 gocce / 3 chiodi
	cena:	4 gocce / 3 chiodi / 3 arte
3° giorno:	colazione:	5 gocce / 3 chiodi
	pranzo:	5 gocce / 3 chiodi
	cena:	5 gocce / 3 chiodi / 5 arte
4° giorno:	colazione:	6 gocce / 3 chiodi
	pranzo:	6 gocce / 3 chiodi
	cena:	6 gocce / 3 chiodi / 7 arte

5° giorno:	colazione:	8 gocce / 3 chiodi
	pranzo:	8 gocce / 3 chiodi
	cena:	8 gocce / 3 chiodi / 9 arte
6° giorno:	colazione:	10 gocce / 3 chiodi
	pranzo:	10 gocce / 3 chiodi
	cena:	10 gocce / 3 chiodi / 11 arte
7° giorno:	colazione:	12 gocce
	pranzo:	12 gocce / 5 chiodi
	cena:	12 gocce / 13 arte
8° giorno:	pranzo:	15 gocce / 7 chiodi / 15 arte
dal 9° al 15° g.:	pranzo:	10 gocce / 2 chiodi / 3 arte

Note:

- È essenziale non saltare mai l'assunzione di una dose durante i primi sei giorni (dal settimo giorno in poi una dimenticanza è meno rilevante).
- Se si fa colazione tardi e si cena presto, meglio prendere le dosi di gocce e chiodi (previste prima della cena) una mezz'ora prima di andare a letto.
- Nei primi sei giorni si potrebbero avvertire lievi disturbi dovuti a scariche di disintossicazione.
- Se si sente una forte reazione dell'organismo, si può ripetere il dosaggio del giorno precedente, senza incrementarlo, ma se si vuole ottenere l'eliminazione di parassiti giovani, adulti e uova, non bisogna assolutamente interrompere il trattamento almeno per sei giorni consecutivi.
- Durante il periodo di cura, è consigliabile mangiare meno (non saturare mai lo stomaco) e più sano (evitare la carne non biologica, i grassi animali, i latticini, lavare bene frutta e verdura in acqua con sale marino integrale e possibilmente scottare tutte le verdure, come si fa nei ristoranti cinesi).
- Per chi se la sente, un "digiuno energetico" (vedi pag. 32) di sei giorni durante la cura anti-parassiti è un fantastico regalo per la propria salute, perché consente agli anti-parassitari di avere una maggiore efficienza.
- L'ingerimento di numerose pillole può sembrare eccessivo e difficile, ma non c'è alternativa: ingeritene poche alla volta, con molta acqua.
- Nel caso di bambini, ridurre con buonsenso le dosi. In caso di sintomi di intolleranza (sonno o irrequietezza anormale), interrompere subito la pulizia e preferire piccoli clisteri con acqua e sale associati a qualche goccia di ESP nelle bibite.

Prendendo spunto dagli insegnamenti della dottoressa Clark, ho avuto l'idea di creare una tintura contenente i tre prodotti base, cioè mallo di noci, chiodi di garofano e artemisia assenzio.

Procedo lasciando sotto alcool (90 gradi) almeno per un mese mallo di noci (cioè buccia di noci, vedi pagina precedente), assieme a una quantità (circa la metà in volume) di chiodi di garofano e a una quantità (circa un quarto in volume, rispetto alle noci) di artemisia. Questo produce una tintura con un elevatissimo potere anti-parassitario. Prima di iniziare a usarla, eliminare le parti solide e diluirla con un terzo di acqua minerale.

Chiamo questa tintura "la Triple".

Ho anche scoperto che da poco i fornitori dei prodotti Clark (vedi alla fine "indirizzi") propongono tinture già pronte di mallo, chiodi di garofano e artemisia. Si tratta quindi solo di mescolarle tra di loro per ottenere la Triple.

Recentemente la ditta SpazioEcoSalute (vedi indirizzi alla fine) ha inserito nel suo catalogo la Triple col seguente nome: "Mix bilanciato antiparassitario dottoressa Clark".

Adesso, anche su *Ebay* si trova una "Clark tincture 3 in 1".

Notate che con la Triple si assume alcool e questo può costituire un problema per gli astemi "totali".

Vista la diffusione e la facile reperibilità di queste tinture (Triple, Mix o 3in1), numerose sono le persone che eseguono la cura antiparassitaria usando solamente gocce di queste tinture. In tale caso si applicheranno i dosaggi della pagina precedente (procedura di assunzione), in cui il numero di gocce da prendere sarà ogni volta in totale il doppio di quanto indicato alla voce "gocce". Per esempio, l'ottavo giorno si prenderanno, solo a pranzo, 30 gocce di Triple. Preferisco questo dosaggio progressivo ed efficace al dosaggio "non-progressivo" che indicano i vari produttori.

A dimostrazione della validità di questa tintura, ho avuto il caso di una famiglia in cui tre persone avevano con-

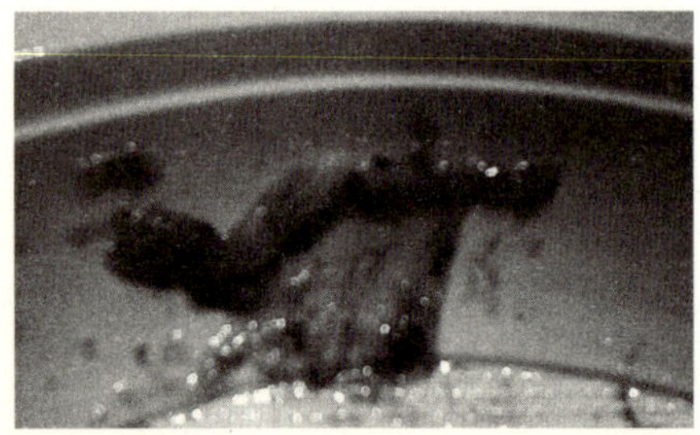

Nota:
Un lettore, che con la triple ha risolto grossi problemi di irrequietezza e disturbi intestinali del suo bambino, mi ha inviato questa foto via mail. Non ha proceduto a nessun consulto o analisi sul tipo di parassita.

temporaneamente Herpes Zoster sulle labbra. Applicando la Triple in loco (sullo stesso herpes), in meno di 24 ore, il sintomo è sparito alle tre persone. A due di loro è poi ricomparso, perché, come insegna la Nuova Medicina, spesso c'è all'origine uno shock biologico (evento traumatico) che, se non viene risolto, riattiva la patologia.

Ho fatto lo stesso esperimento con delle verruche o dei nevi. In alcuni casi (però con bassa percentuale), questi sono scomparsi.

Il successo aumenta notevolmente se la persona "incide" la sua verruca con un ago prima di mettere la Triple (facendo eventualmente uscire una goccia di sangue), in modo che questa tintura possa penetrare più profondamente.

Generalmente si interviene per 3-4 giorni consecutivi. L'applicazione della tintura essicca la pelle. Ogni giorno, si toglie questa pelle secca, si punge con un ago, e si rimette tintura. Dopo tre giorni, non si tocca più, la pelle si essicca, si crea una crosta che, dopo una ventina di giorni, si toglie da sola e la pelle sarà diventata liscia, senza verruca o nevo.

Zapper

Nel caso di patologie complicate e per una eliminazione totale dei parassiti presenti negli strati epidermici del corpo, si consiglia di abbinare la cura anti-parassiti a sedute di "zapper". Lo zapper è un piccolo apparecchio elettronico che funziona con una corrente molto bassa fornita da piccole batterie commerciali da 9 Volt. Lo zapper può essere costruito molto facilmente; le istruzioni dello schema elettronico sono reperibili nel libro della Clark ed è facile trovare qualcuno in grado di fabbricarlo. Oggi, comunque, esso ha una tale diffusione che viene proposto da varie ditte divulgatrici dei metodi della Clark

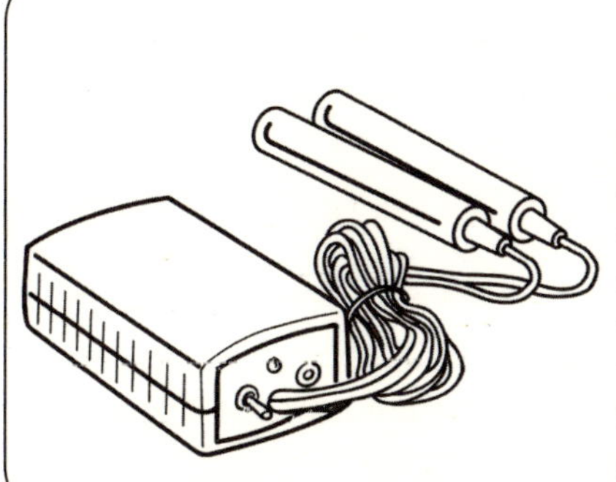

Dove trovare lo zapper?

Le nuove leggi UE hanno trasformato questo apparecchio in uno strumento medico, il suo costo quindi è aumentato (es. Biomed). Si può trovare da Ecosalute, ordinando uno "zappicator" con l'aggiunta dell'accessorio "elettrodi". Si può ordinare via web a www.selfhealth.com o www.foodcompany.it, su ebay.it, oppure, comprando il libro della Clark e seguendo lo schema, con poche conoscenze di elettronica lo si può fabbricare da sé.

a un prezzo molto basso (vedi indirizzi alla fine del libro). L'apparecchio è provvisto di due "manopole" o elettrodi che erogano una corrente di polarità opposta. Il paziente tiene un elettrodo in una mano e il secondo nell'altra; il passaggio di questa corrente nel corpo ha per effetto quello di eliminare i parassiti senza causare alcun danno al corpo. La procedura consiste in una seduta costituita da 7 minuti di zapper (un elettrodo per mano con l'apparecchio acceso) seguiti da 20 minuti di "libertà", poi altri 7 minuti di zapper e 20 minuti di libertà e infine altri 7 minuti di zapper; in totale sono 61 minuti. Generalmente basta una sola seduta. Però, nel caso di patologie gravi, la dottoressa Clark consiglia 2 sedute al giorno per una settimana. È chiaro che questa corrente circola soprattutto in superficie e che, quindi, ripulisce soprattutto l'epidermide. Questo spiega il fatto che per una pulizia totale anti-parassiti è necessario abbinare lo zapper alla cura anti-parassiti. Si può variare la posizione degli elettrodi per ottenere effetti più localizzati e più profondi. Spiegazioni approfondite sull'uso dello zapper vi saranno fornite assieme all'apparecchio che acquisterete o sono disponibili nel libro della Clark (vedi Bibliografia) e ancor più in quello di Lombardi (vedi *Medicina, inganno totale*, in Bibliografia), che conduce uno studio molto approfondito sull'uso e sui risultati dello zapper. Esperienze di amici o conoscenti confermano l'efficacia di questo strumento. Conosco una persona che non era riuscita a liberarsi di un parassita nel piede neppure sottoponendosi a svariate terapie e che invece ha risolto il suo problema con lo zapper applicato direttamente nella zona interessata. Un amico mi ha raccontato che, dopo aver tentato invano di eliminare in vari modi un parassita intestinale, contratto in India, ci è riuscito con una sola seduta di zapper.

Nota importante: come naturopata, da un punto di vista olistico, faccio però notare che è possibile che alcuni parassiti siano anche utili al nostro organismo, un po' come i pesciolini che accompagnano le balene pulendone la pelle, o gli uccelli che vivono in simbiosi con i bufali per nutrirsi degli insetti che si insediano nella loro pelle. Questa interpretazione sarebbe anche confermata dal fatto (verificato con la Nuova Medicina del dottor Hamer) che è il nostro cervello a "dirigere" alcuni batteri e mico-batteri nella fase di riparazione di una malattia o di un tumore. Questa opinione è condivisa da alcuni medici omeopatici, che adottano una visione olistica dell'organismo e che rifiutano l'uso dello zapper.

La digestione richiede e consuma il 35% delle energie del nostro corpo.

Se siete ciclisti, avrete sicuramente sperimentato il vantaggio di "stare a ruota". È stato dimostrato che quando un ciclista "sta a ruota" di un altro mentre procede a una velocità di trentacinque chilometri orari, quello che viaggia riparato risparmia il 30% delle proprie forze. Con questo paragone potete intuire immediatamente i vantaggi del digiuno.

Quando si digiuna, si risparmiano le energie necessarie per la digestione e queste si rendono quindi disponibili anche per sostenere processi di guarigione.

L'esperienza mostra anche che, quando si digiuna, l'organismo si vede costretto a consumare tutto ciò che è da esso utilizzabile e perciò anche i grassi superflui, i tessuti degenerati ecc., contribuendo così all'eliminazione di cellulite o di altri "intasamenti" del corpo. Non solo! I parassiti, o perché non ricevono più cibo o perché il corpo attiva un sistema di espulsione, vengono eliminati dall'organismo che si ripulisce così in modo naturale…

Sono stati scritti tanti libri che vantano le virtù del digiuno.

Con il termine "digiuno" solitamente si intende l'astinenza dai cibi, ma non dai liquidi.

Generalmente, il nostro organismo si adatta molto bene al digiuno. Tante persone si sentono "morire" solo all'idea di dover saltare un pasto. In realtà, si tratta soprattutto di una mancanza psicologica dovuta all'abitudine di mangiare.

Perciò impegnatevi con attività interessanti e piacevoli durante l'ora normalmente prevista per i pasti: vi dimenticherete di mangiare! A metà pomeriggio forse vi ricorderete di non aver mangiato a pranzo e allora comincerete inconsciamente a "preoccuparvi". La preoccupazione sarà ancora maggiore, se avrete un amico che proietta su di voi le sue paure ("Ma non hai mangiato? E come fai? Non ti senti debole?"…).

Se non vi lasciate influenzare, arriverete senza problemi all'ora di cena e sarete sorpresi di sentirvi così bene e felici di esservi dedicati ad attività interessanti nel periodo di tempo normalmente dedicato ai pasti…

Quando riprendete a mangiare dopo un periodo di digiuno lungo, non stupitevi se per i primi 3-4 giorni non sentite lo stimolo di andare in bagno per scaricare feci. È un fenomeno del tutto normale. È inoltre importante riprendere l'alimentazione con cibi non esclusivamente integrali e con alimenti basificanti e non acidificanti (vanno evitate le proteine, siano esse animali o vegetali, e i cibi raffinati; abbondare di riso semintegrale con patate, carote ecc., vedi Bibliografia 6).

Attenzione: alla fine di un lungo periodo di digiuno, sia esso "totale" o "mono-cibo", esiste un reale pericolo di morte nel caso in cui ci si tuffi di colpo in un pranzo "di nozze". Dopo il digiuno, l'organismo (il sistema gastro-intestinale) è sensibile, delicato e abituato al riposo. Un apporto improvviso di cibo abbondante e variegato provoca una congestione intestinale che può avere tragiche conseguenze. Occorre reintegrare progressivamente. Nel suo libro *Naufrago volontario*, Alain Bombard ne fornisce la testimonianza: abituato a una dieta esclusivamente a base di pesce e di acqua di mare, alla fine della sua esperienza è stato recuperato da una nave il cui capitano ha allestito un banchetto per festeggiare il successo dell'avventura. Bombard ne racconta le drammatiche conseguenze.

Digiuno totale

Significa che per un determinato numero di giorni (generalmente almeno tre-cinque giorni) si assume solamente acqua pura. Questo digiuno dovrebbe essere eseguito sotto il controllo di un medico, che approvi questo tipo di pratica.

Ci sono numerosi libri che vantano i risultati miracolosi ottenuti col digiuno totale.

Altre forme di digiuno prevedono solo l'assunzione di cibi liquidi o energetici. Lo scopo è quello di mettere a riposo quasi totale lo stomaco e l'intestino, per poter approfittare del sovrappiù di energia e di un'assenza totale dei parassiti presenti nel cibo (soprattutto nei cibi animali o in cibi non lavati).

Digiuno di Breuss

(Vedi *Cancro e leucemia*, in Bibliografia) prevede l'assunzione di succhi di verdure frullati e filtrati. Si può acquistare questo "sciroppo di Breuss" già pronto per l'uso in negozi di alimentazione biologica o in alcune erboristerie. Queste verdure sono state scelte da Breuss in modo accurato per le loro proprietà vermifughe ed energetiche.

Il digiuno di Breuss è un digiuno pressoché totale, che non prevede l'assunzione di cibi energetici e quindi non è indicato per persone che desiderano continuare a svolgere una vita professionale quotidiana e normale, soprattutto se la loro è un'attività manuale.

La cura contro i tumori dura quaranta giorni, limite che può essere raggiunto progressivamente, con digiuni di lunghezza sempre maggiore, intervallati da periodi di alimentazione normale.

Durante il digiuno, non si mangia, si assume solo lo "sciroppo" di Breuss (più che uno sciroppo, è un succo vegetale composto come segue: 3/5 di rape rosse, 1/5 di carote, 1/5 di sedano rapa, un poco di rafano (30 g) e una patata media (grossa come un uovo). Tutte le verdure vanno centrifugate, poi il succo va passato attraverso un filtro fine o un telo di lino. Questo succo è l'unico alimento. All'inizio si dimagrisce, ma presto il corpo si stabilizza. Si beve in più volte al giorno, a piccoli sorsi, la quantità di mezzo litro. Non si deve mai superare il litro di succo. Non assumete altre bibite: né bibite zuccherate, né succhi di frutta; si possono solo aggiungere, a volontà, acqua o le tisane indicate sotto. Non mangiate nient'altro per quaranta giorni!

ESPERIENZE

La mia esperienza

Ho fatto l'esperienza di sei giorni di digiuno, non di più perché non sono malato e perché sono già abbastanza magro di costituzione. Ho avuto un sovrappiù di tempo che mi ha consentito di riorganizzare le mie giornate. Ho sperimentato un grande senso di leggerezza e un senso di pulizia dell'intero apparato digerente. L'unica difficoltà si è presentata il quarto giorno, quando ho svolto un'attività che richiedeva un notevole impegno fisico (alcune ore di taglio del bosco sotto il sole) al termine della quale mi sono sentito debole.

Altre esperienze

Il libretto di Breuss (vedi Bibliografia) è ricco di testimonianze che dimostrano la validità del metodo.

Posso segnalare che ho conosciuto personalmente un uomo (un noto medico

Tisane integrative consigliate:

1. di salvia: fate bollire per tre minuti (decotto) delle foglie di salvia in acqua. Poi togliete le foglie e bevete la tisana nell'arco della giornata. Le virtù curative della tisana di salvia sono descritte in modo esauriente da Breuss.

2. di equiseto (3/5) e ortica (2/5): mettete in infusione in una tazza d'acqua bollente per dieci minuti. Passate il liquido e recuperate le erbe che vanno fatte bollire per altri dieci minuti nel volume di un'altra tazza d'acqua. Filtrate nuovamente il liquido. La tisana da bere (a temperatura ambiente) è composta dalla somma dei due liquidi.

malato di linfoma), che ha seguito scrupolosamente il digiuno per quarantadue giorni, secondo le istruzioni di Breuss. Le sue funzioni vitali sono notevolmente migliorate, gli esami medici sono diventati perfetti, il senso di benessere è stato totalmente recuperato: ufficialmente il tumore era scomparso. Quando, però, quest'uomo ha ripreso le sue attività lavorative, assieme a cure allopatiche, il tumore ha ricominciato a crescere. Dopo alcuni mesi è deceduto. Questo mostra che il digiuno possiede straordinarie proprietà guaritrici, ma che non è risolutivo se non si guarisce il problema psico-biologico che è alla radice della malattia.

Digiuno energetico

Ispirandomi a consigli alimentari del dottor Katrib (vedi *Il sale, il grande amico del nostro organismo*, in Bibliografia), ho personalmente sperimentato numerose volte un sistema di digiuno che chiamo "energetico".

Ogni pasto va sostituito dal seguente *beverone*, che può essere assunto a piacimento, cioè nella quantità e nei momenti desiderati. Per la preparazione di un litro di "beverone" sciogliete in acqua oligominerale o filtrata 10 g (un cucchiaino raso) di sale marino integrale e 150 g (due cucchiai da minestra colmi) di miele biologico (o succo d'acero), aggiungete il succo di quattro limoni e conservate al fresco. Questa bibita è favolosa come ricostituente energetico, molto migliore di numerose bibite acquistabili nei negozi: contiene tutti i minerali necessari all'organismo, tante vitamine e tantissime calorie. Sembra anche che l'associazione sale-miele-limone potenzi l'azione benefica di ciascuno di questi prodotti. Si tratta quindi di una bibita benefica per la salute e utilissima come supplemento energetico in caso di sforzi sportivi. Il consumo di questo beverone vi permetterà di "digiunare" senza sentire la fame o la mancanza di cibo. Spesso, come detto sopra, quella che si avverte è solo una mancanza psicologica dovuta all'abitudine di mangiare. Nel caso in cui dobbiate svolgere lavori manuali intensi, aumentate la dose di miele.

Questo beverone deve avere un sapore veramente buono e gradevole. Se così non fosse, potrebbe essere perché c'è troppo sale o troppo (o troppo poco) miele. Trovate il vostro dosaggio ideale.

Sarete sorpresi di osservare che col digiuno:

1. disponete di una maggiore energia
2. dormite meglio
3. le vostre giornate sono più pro-

ficue per il maggior tempo a disposizione
4. se avete un problema di salute, il processo di guarigione accelera notevolmente
5. soffrite meno il freddo e il caldo.

Nel beverone potete anche aggiungere dell'ESP (Estratto di Semi di Pompelmo) che ha proprietà vermifughe, in una quantità di quindici gocce o due tavolette o due capsule per litro. Questo arricchirà il beverone di una qualità curativa antiparassitaria.

Ho ricevuto le seguenti testimonianze

La mia esperienza

Ho eseguito il digiuno energetico per 10 giorni e ogni due giorni facevo 130 km in bicicletta. Durante i miei giri, prendevo anche ogni tanto un cucchiaio di miele come complemento calorico. Sinceramente, raramente mi sono sentito così bene e alla fine dei 10 giorni non avevo nessuna voglia di riprendere una alimentazione normale. Ci sono stato "costretto" dalle relazioni sociali e familiari. Segnalo di aver ricevuto l'informazione che ora alcune squadre di ciclisti hanno adottato questo beverone come bibita durante la competizione.

Ho fatto 4 giorni di digiuno energetico, preceduto da 10 giorni di Resolutivo Regium *come preparazione. Il beverone funziona magnificamente, ho avuto stimoli di fame psicologica da "abitudine", ma facilmente superati. Dal secondo giorno stavo benissimo. Il terzo giorno ho giocato a tennis senza il minimo problema. In conclusione è un'ottima esperienza, che intendo ripetere. La sensazione di benessere è buona e soprattutto l'effetto di chiarezza mentale è notevole. Posso mantenere questo stato con una buona alimentazione?*

Digiuno energetico con cura anti-parassiti

La procedura precedente (digiuno energetico con ESP) sarà ulteriormente migliorata, se per colazione prenderete del riso integrale crudo nel seguente modo: riempite un bicchiere fino a circa tre centimetri di altezza di riso integrale crudo. Versatene un "sorso" in bocca e tenetelo finché, inumidendosi con la saliva, si ammorbidisce un po', poi cominciate a masticarlo fino a farlo diventare liquido come latte di riso in bocca, infine ingoiatelo. Ricominciate con un altro "sorso" di riso, fino a terminare tutto il bicchiere. Ci vorranno circa tre quarti d'ora. Per rendere l'operazione più facile, se dovete recarvi al lavoro in macchina, potete "mangiare" il riso strada facendo. Poi, terminata la "colazione di riso crudo", non toccate più alcun cibo (né liquido né solido) fino al pranzo. Questo riso crudo ha proprietà vermifughe straordinarie e sarete sorpresi di osservare che costituisce anche una colazione nutriente e piacevole.

Il Ramadan

Ritengo doveroso citare il digiuno praticato dai musulmani e spiegarne alcuni dettagli. Questo digiuno consiste in un periodo di 28 giorni (un mese lunare) durante i quali ci si astiene – tra l'altro – da assumere cibo e acqua dall'alba al crepuscolo (definiti dal momento in cui non si riesce a distinguere tra un filo bianco e un filo nero). Quindi lo stomaco e l'intestino rimangono totalmente a riposo per circa 12 ore (a seconda della stagione in cui "cade" il ramadan). In sé è una pratica eccellente per la salute. Il problema è che i praticanti hanno spesso l'abitudine di ingozzarsi (contrariamente a quanto prescritto dal Corano) prima dell'inizio e subito dopo la fine delle ore di digiuno, e generalmente con abbondanza di cibi contenenti zucchero bianco e grassi animali, con il risultato che gli effetti negativi sono spesso maggiori di quelli positivi. Ovviamente ci sono anche alcuni praticanti che si comportano con buon senso e traggono grandi vantaggi da questa pulizia annuale.

Metodi più costosi molto efficaci

Da numerosi lettori ho ricevuto la segnalazione di prodotti efficaci acquistabili in erboristeria o via Internet. Tanti mi scrivono chiedendo un mio parere al riguardo di prodotti pubblicizzati in Internet. Questi prodotti hanno un costo superiore ai metodi "casalinghi", ma sono molto più facili da utilizzare e sono corredati da chiare istruzioni. Tra questi, mi è stato citato più volte e con testimonianze il prodotto Toxinout (reperibile su www.drnatura.it). Finora non li conoscevo e non me ne ero mai interessato.

Il produttore ne sostiene l'efficacia per l'eliminazione dei metalli pesanti, dei parassiti e per la rigenerazione della flora batterica intestinale. Ho chiesto di provarlo a una mia amica che ha parecchi problemi di salute e che avrebbe dovuto sottoporsi a breve a un intervento al rene e alle tube. Ecco la sua testimonianza:

Pierre mi ha chiesto di provare questo prodotto. Nonostante fossi abbastanza restia a prendere ancora altre pillole, visto che ne prendevo già tante, ho accettato con la speranza sia di disintossicarmi dagli effetti collaterali degli altri farmaci,

sia per regolarizzare il funzionamento del mio intestino.
Non ho voluto fare contemporaneamente anche il trattamento di pulizia dell'intestino (Colonix proposto da www.drnatura.it). Da subito mi sono piaciute le chiare istruzioni. Ho recepito la durata del trattamento (50 giorni) come una garanzia di serietà ed efficacia. Dopo alcuni giorni che prendevo il prodotto, ho avuto uno sfogo cutaneo, avevo il viso pieno di brufoli, sembravo un'aliena; questa specie di eritema è durato poco più di due settimane. Quando è finito, mi sembrava di aver acquisito un maggior benessere e un sonno più profondo, era anche il momento di subire l'intervento chirurgico. Dopo sei giorni dall'intervento, mi sono alzata e i medici erano sbalorditi dalla mia velocità di recupero; non credo sia dovuto al Toxinout, ma di sicuro non mi ha fatto male.

Ricordo che i disturbi fisici (emicranie, sfoghi cutanei…) sono un fenomeno naturale delle cure di disintossicazione.

Pulizia dei reni

Ho ottenuto grandi soddisfazioni con l'applicazione del metodo combinato, buoni esiti con il metodo Breuss, con quello sale/non sale e anche con quello "termale".

Tuttavia, per ora sembra che gli unici con effetti a lungo termine siano quello della Clark (che, oltre ad agire sui depositi minerali, elimina anche i parassiti vivi presenti), un po' complicato da eseguire, e quello di Pradilla-Lombardi, facile da eseguire ma che presenta delle difficoltà per il reperimento degli ingredienti.

Stiamo sperimentando il prodotto *Resolutivo Regium,* che sembra costituire il miglior compromesso tra efficienza e facilità d'uso.

Metodo Clark

Ingredienti

- ½ tazza di radice essiccata di ortensia (*Hydrangea arborescens*)
- ½ tazza di radice di regina dei prati (*Eupatorium purpureum*)
- ½ tazza di radice di altea (bismalva o malvaccione, *Althea officinalis*)
- 4 mazzetti di prezzemolo fresco
- tintura di verga d'oro (oppure erba secca)
- capsule di zenzero
- capsule di uva ursina
- glicerina vegetale
- concentrato di ciliegia nera (*Prunus avium*), 200 ml
- vitamina B6, compresse da 250 mg
- ossido di magnesio, capsule da 300 mg.

Radici

Prendete un quarto di tazza di ogni radice e mettetela a bagno in dieci tazze di acqua di rubinetto fredda in un contenitore non metallico; coprite con un piatto. Dopo almeno quattro ore (o una notte), aggiungete i 200 ml di concentrato di ciliegia, portate a ebollizione e lasciate a fuoco lento per altri venti minuti.

Bevete un quarto di tazza subito, appena si raffredda a sufficienza.
Filtrate il resto con un passino e mettetelo in un recipiente (possibilmente di vetro) da mezzo litro che metterete subito in frigo. Il resto del liquido va congelato in più bottiglie.

Prezzemolo

Dopo aver sciacquato il prezzemolo, fatelo bollire per tre minuti in un litro di acqua. Bevetene un quarto di tazza appena si raffredda a sufficienza. Mettete mezzo litro in frigo e mezzo litro a congelare. Buttate via il prezzemolo.

Dosaggio

Ogni mattina, prelevate tre quarti di tazza della tisana di radici e mezza tazza della tisana di prezzemolo, versandoli in una scodella nella quale aggiungerete venti gocce di verga d'oro e un cucchiaino di glicerina. Sorseggiate questa bevanda più volte nell'arco della giornata. Tenetela in frigo o in un luogo fresco. Non bevetela tutta in una volta, perché vi causerebbe pesantezza di stomaco e pressione sulla vescica.

Se soffrite di problemi di stomaco, iniziate con dosi dimezzate.

Dopo la prima bollitura, conservate le radici nel freezer. Dopo tredici giorni la vostra scorta di tisana di radici diminuirà e potrete riutilizzarle, aggiungendo solo sei tazze d'acqua e lasciando a fuoco lento dieci minuti. Questa nuova soluzione vi basterà per altri otto giorni, facendovi quindi raggiungere un totale di tre settimane. Ricordate di aggiungere ogni volta la verga d'oro e la glicerina. Dopo tre settimane, ripetete l'operazione con nuove radici e prezzemolo. Per ottenere buoni risultati, dovete fare una cura di almeno sei settimane.

Durante la cura, prendete anche:

- capsule di zenzero (tre al giorno, una a ogni pasto)
- capsule di uva ursina (una a colazione e due a cena)
- vitamina B6 (una compressa al giorno)
- ossido di magnesio (una capsula al giorno).

Osservazioni

Queste tisane di radici e di prezzemolo si danneggiano facilmente. Si conservano in frigo, ma ogni quattro giorni devono essere fatte bollire di nuovo per rinnovare il processo di sterilizzazione. Se le sterilizzate di mattina, potete prelevare la quantità quotidiana in una bottiglia, senza doverla congelare per tutto il giorno.

Fate attenzione che le radici che acquistate siano fresche e non "spente". Devono aver fragranza!

Invece delle capsule di zenzero, potete bere a ogni pasto una tisana di zenzero, grattugiando zenzero fresco su una tazza di acqua calda.

Segnalo che sia la ditta Biomed (vedi *Indirizzi utili*) con il "Bio-clien-N" che la ditta Ecosalute con il Mix-Clark-

Fegato propongono una tintura idroalcolica per la pulizia dei reni, basata sulle indicazioni della dottoressa Clark. Questi prodotti si sono dimostrati validi e facili da usare. Si applica la posologia indicata dal produttore.

Alternativa al metodo Clark

Quando negli anni '80 ho provato il metodo Clark, i prodotti necessari non erano tutti reperibili nel nostro mercato e pertanto ho seguito la seguente alternativa.

Ingredienti

- prezzemolo fresco
- altea essiccata
- equiseto essiccato
- zenzero fresco
- tintura di ortensia (*Hydrangea arborescens*), che dovrete ordinare
- tintura di regina dei prati (*Eupatorium purpureum*), che dovrete ordinare
- tintura di uva ursina
- olio essenziale di zenzero
- vitamina B6
- confetti di ossido di magnesio
- concentrato di prugna (invece di quello di ciliegia)
- se non trovate la glicerina vegetale, sostituitela con olio di oliva.

Radici (ed erbe)

Prendete un quarto di tazza di altea ed equiseto e mettetela a bagno in dieci tazze di acqua oligominerale fredda in un contenitore non metallico; coprite con un piatto.

Dopo almeno quattro ore (o una notte), aggiungete i 200 ml di concentrato di prugna e, se utilizzate zenzero fresco, 50 g di zenzero grattugiato. Portate a ebollizione e lasciate a fuoco lento per altri venti minuti.

Bevete un quarto di tazza di soluzione appena si raffredda a sufficienza; prima di bere, però, aggiungete dieci gocce di *Hydrangea* e dieci di *Eupatorium.*

Filtrate il resto con un passino e mettetene mezzo litro in un recipiente (possibilmente di vetro), che riporrete subito in frigo.

Il resto del liquido (poco meno di un litro) va distribuito in varie bottiglie da congelare.

Prezzemolo

Dopo averlo sciacquato, fate bollire per tre minuti il prezzemolo fresco in un litro di acqua. Bevete un quarto di tazza appena si raffredda. Mettete mezzo litro in frigo e mezzo litro a congelare. Buttate via il prezzemolo "cotto".

Dosaggio

Ogni mattina prelevate tre quarti di tazza della soluzione di radici e mezza tazza della soluzione di prezzemolo, versandoli in una scodella grande. Aggiungete venti gocce di tintura di *Hydrangea* e di *Eupatorium* e un cucchiaino di olio d'oliva. Sorseggiate questa bevanda varie volte nell'arco della giornata. Tenetela in frigo o in un luogo fresco.

Non bevetela tutta in una volta, perché potrebbe causarvi pesantezza di stomaco e pressione sulla vescica. Se soffrite di problemi di stomaco, iniziate con dosi dimezzate.

Dopo la prima bollitura, avrete conservato le radici nel freezer. Dopo tredici giorni la vostra scorta di tisana di radici diminuirà e potrete riutilizzare le radici, ma aggiungendo solo sei tazze d'acqua, lasciando a fuoco lento per dieci minuti. Questa nuova soluzione vi basterà per altri otto giorni, così raggiungerete un totale di tre settimane. Ricordate di aggiungere ogni volta le gocce di tintura e l'olio d'oliva.

Dopo tre settimane ripetete l'operazione con nuove radici e prezzemolo. Per ottenere buoni risultati, dovete seguire una cura di almeno sei settimane.

Durante la cura, all'inizio dei pasti prendete anche:

- gocce di olio essenziale di zenzero (una sola goccia a ogni pasto)
- gocce di uva ursina (dieci a colazione e venti a cena)
- vitamina B6 (250 mg, una compressa al giorno)
- ossido di magnesio (300 mg, una compressa al giorno).

Osservazioni

Questa tisana di radici e di prezzemolo si danneggia facilmente. Ogni quattro giorni fatela bollire di nuovo per sterilizzarla. Se la sterilizzate di mattina, potete mettere la quantità quotidiana in una bottiglia senza doverla congelare per tutto il giorno.

Fate attenzione che le radici che acquistate siano fresche e non "spente": devono essere fragranti!

Invece delle capsule di zenzero, potete bere a ogni pasto una tisana di zenzero, preparata grattugiando zenzero fresco in acqua calda.

Come andrà?

Tutto sembra molto più complicato di quanto in effetti non sia.

Sin dal primo giorno noterete una maggior diuresi (orinazione) e una maggiore facilità a defecare. I primi giorni le urine appariranno più "dense" (o scure) e a volte più "odoranti". Di giorno in giorno sentirete che schiena e reni si "alleggeriscono". Avrete la tendenza a interrompere la cura prima delle sei settimane, tuttavia cercate di completare il trattamento.

Quando avrete esaurito le scorte di "tisane", le potrete anche preparare di volta in volta. Mettete a bagno la sera un pentolino con altea ed equiseto. Appena vi alzate, aggiungete prezzemolo e fate bollire per un quarto d'ora.

Poco prima di spegnere aggiungete le gocce di tintura. Questo permetterà anche all'alcool della tintura di evaporare. Prima di bere, aggiungete una goccia di olio essenziale di zenzero e mescolate bene.

Metodo Breuss

Segnalo che un altro autore (Breuss, vedi Bibliografia) consiglia di bere per ventun giorni una tisana composta come segue: equiseto (15 g), ortica (10 g), correggiola (8 g), iperico (6 g). Mettete le erbe in una tazza di acqua bollente, mescolate, lasciate in infusione per dieci minuti e poi filtrate (ciò significa che in questa fase le erbe non stanno mai nell'acqua, mentre bolle). Riprendete le erbe dal colino, aggiungete due tazze d'acqua e fate bollire per altri dieci minuti.

La bevanda sarà composta dalla miscela dei due liquidi. Il concetto di base è che i principi attivi liberati dalle erbe sono diversi, se queste vengono bollite o solo tenute in infusione.

Bevete tre volte nella giornata, ogni volta mezza tazza, al mattino a digiuno, prima del pranzo e prima di andare a dormire.

Breuss sconsiglia di prolungare l'uso di questa tisana oltre le tre settimane! Alternate periodi di ventun giorni senza tisana a periodi di ventun giorni con tisana.

Metodo combinato Breuss-Treben-Clark (più semplice)

Generalmente consiglio, con buoni risultati, la seguente ricetta.

Preparate una miscela delle seguenti erbe in quantità uguali: verga aurea, equiseto e altea.

Bevete per almeno quindici giorni la tisana che deve essere preparata nel seguente modo: mettete le erbe (un cucchiaio da minestra) in mezzo litro di acqua bollente, mescolate, lasciate in infusione per dieci minuti e poi filtrate (ciò significa che in questa fase le erbe non stanno mai nell'acqua, mentre bolle). Riprendete le erbe dal colino, aggiungete un altro mezzo litro di acqua e fate bollire per altri dieci minuti.

Il concetto di base è che i principi attivi liberati dalle erbe sono diversi se queste vengono bollite o solo tenute in infusione.

La bevanda sarà composta dalla miscela dei due liquidi.

Bevete tutto il litro, distribuito nell'arco della giornata.

Ho seguito questa ricetta, che è facile e piacevole; a volte aggiungo prezzemolo alla fine della fase di bollitura delle erbe.

Dopo pochi giorni si sente un alleggerimento nella zona renale, che però non sembra essere risolutivo a lungo termine.

Per ottenere questo, credo siano validi solamente il metodo Clark o quello Pradilla-Lombardi.

Dopo un periodo di utilizzo della tisana di un massimo di tre-quattro settimane, bisogna smettere o fare una sosta di una decina di giorni.

Metodo sale/no sale

Questo metodo si basa su un concetto molto conosciuto della chimica: quando entrano in contatto tra loro, i materiali più nobili si sostituiscono a quelli meno nobili.

Questo significa che, se piantate un chiodo di ferro in una lamiera di zinco, il chiodo di ferro si ossida rapidamente, mentre lo zinco rimane integro e, se piantate un chiodo di argento su una lamiera di zinco, lo zinco si ossida rapidamente creando un buco attorno al chiodo che rimane integro; così, se il sodio si trova in contatto col calcio, il calcio si ossida rapidamente e il sodio vi si sostituisce.

Ciò significa che, se soffro di calcoli renali, essenzialmente costituiti da calcio (che non è solubile), e bevo acqua salata, il sodio si sostituisce al calcio, sciogliendo quest'ultimo... Inoltre, il sodio è solubile in acqua e quindi facile da eliminare.

Il sale marino integrale ha anche il vantaggio di fungere da reintegratore minerale, grazie al sapiente dosaggio dei vari minerali realizzato nel mare da Madre Natura e che corrisponde in maniera incredibilmente esatta al dosaggio di minerali nel plasma del sangue e dei liquidi del corpo (vedi *Consigli di benessere alimentare* e *Opere* di R. Quinton, in Bibliografia).

Procedura

Per due settimane bevete acqua sempre leggermente salata (usate sale marino integrale nella quantità di 10 g per litro).

Poi, per due settimane bevete acqua minimamente mineralizzata (vedi *Consigli di benessere alimentare*, in Bibliografia), cioè con residuo fisso inferiore a 50 mg/l e lievemente acida (pH 6,5). Poche sono le acque che possiedono queste caratteristiche. Cercatele, leggendo attentamente le etichette. Le troverete sicuramente nei negozi di alimentazione biologica. Alcune marche sono: Lauretana, Plose, Lurisia S. Barbara, Amorosa, S. Anna di Vinadio, Alba, Fonte delle Alpi, Fontealba, Gioiosa della Valsesia, Levico Casara, Meraner, Pian della Mussa, S. Bernardo, Sparea, Sorgiva, Valle Chiara, Valmora, Vigezzo... (vedi *L'acqua che beviamo*, nella Bibliografia). Ovviamente, nel periodo "No Sale", cercate di usare poco sale nella vostra alimentazione.

Continuate con questa alternanza di due settimane, finché sentite che il circuito reni-vescica-urina funziona perfettamente. Da quel momento in poi cercate di bere solo acqua minimamente mineralizzata. Comunque bevete sempre da 1,5 a 2 litri al giorno, fuori dai pasti.

Se decidete di seguire questo metodo perché soffrite di forti dolori nella zona dei reni, dovuti alla migrazione negli ureteri di calcoli renali, cominciate con le due settimane di acqua minimamente mineralizzata e bevete la mattina dei primi quattro giorni una bustina di 10 g di sale amaro (chiamato anche "sale inglese" o solfato di magnesio) sciolto in un bicchiere d'acqua. È poco gradevole e potrebbe provocare un po' di diarrea, ma il sollievo sul dolore renale sarà immediato.

Metodo di Maria Treben

Questo metodo consiste in un semicupio (bagno della zona del bacino che si esegue seduti in vasca o in una bacinella) di equiseto, chiamato anche coda cavallina (vedi *La salute dalla farmacia del Signore*, in Bibliografia).

Secondo l'autrice risolve anche problemi di discopatie, dovuti alla pressione dei reni sui nervi che scorrono lungo la spina dorsale.

Per una notte lasciate macerare in acqua fredda (in un pentolone da cinque litri) 100 g di coda cavallina. Il giorno seguente riscaldate il tutto fino all'ebollizione e aggiungetelo all'acqua di un bagno molto caldo, che deve avere un livello tale da coprire totalmente i reni. La durata del bagno varia dai venti ai trenta minuti. Uscite dal bagno, non asciugatevi e, ancora umidi, avvolgetevi in un accappatoio e mettetevi a letto sotto numerose coperte. Rimanetevi a sudare per un'ora.

La Treben aggiunge: "Contro i calcoli renali e vescicali si fanno semicupi di coda cavallina, sorseggiando contemporaneamente la calda tisana della stessa erba e trattenendo l'urina, per poi lasciarla scorrere sotto pressione".

Di solito, in questo modo i calcoli vengono eliminati anche in una sola applicazione.

Metodo "termale"

Alcune persone, che stavano eseguendo cure termali ad Abano Terme e che soffrivano di dolori a livello dei reni, hanno applicato una combinazione degli ultimi due metodi con qualche variante.

Si beve almeno mezzo litro di tisana di equiseto, preparata secondo il secondo metodo (infuso + decotto).

Un quarto d'ora dopo ci si immerge in una piscina termale (35-36°C) e ci si rimane da mezz'ora a un'ora.

Subito dopo si va in camera, ci si avvolge in coperte calde e si va a letto, trattenendo l'orinazione il più possibile per poi liberarla "a grande flusso".

Gli effetti di sollievo immediato sono stati strabilianti.

Nel caso di dolori renali, si può integrare il metodo bevendo, all'uscita della piscina il preparato di sale amaro come indicato nell'ultimo paragrafo del metodo sale/no-sale.

Se siete lontani da una zona termale, potete applicare lo stesso metodo immergendovi nella vostra vasca da bagno per almeno mezz'ora, avendo cura di mantenere la temperatura tra 36 e 42 gradi.

Potete anche aggiungere sale marino integrale (500g) nella vasca.

L'unica eventuale controindicazione (come per l'accesso alle piscine termali) sono le patologie cardiache gravi.

Metodo Pradilla-Lombardi

Ho conosciuto e provato questo metodo quando Robert Lombardi era stabilmente residente in Belgio e i prodotti di Pradilla erano reperibili anche in una farmacia spagnola. Ora che Lombardi ha cambiato residenza e che l'UE ha imposto delle restrizioni sulla libera vendita di erbe africane, il reperimento è diventato più difficile. Però, via Internet, digitando "Reintox, Renalia", si trova un sito che le fornisce (vedi indirizzi utili alla fine del libro).

Robert Lombardi (vedi Bibliografia) è un grande ammiratore della Clark e anche una persona che ha ricercato, per risolvere ogni tipo di problema di salute, il trattamento più semplice, più efficiente, più naturale e meno costoso.

Per quel che riguarda i reni, le sue ricerche lo hanno portato a considerare come migliore il metodo Pradilla. Padre César Fernández de la Pradilla è stato un missionario spagnolo che in Africa ha contribuito a migliorare la salute della gente, ispirandosi anche a metodi tradizionali africani. Egli può vantare un'ampia casistica di successo, ma, come spesso avviene, è boicottato dalla medicina ufficiale.

Padre Cesar è il presidente di una cooperativa ONG "Phytosalus", con sede in Burkina Faso. Le sue efficaci preparazioni erboristiche sono reperibili con parecchia difficoltà, perché non autorizzate ufficialmente nell'Unione Europea, ma possono essere spedite anche direttamente dall'Africa (vedi indirizzi utili alla fine del libro).

Descrizione del metodo

Prima si assumono capsule Reintox (miscela di erbe carbonizzate) per dodici giorni (una capsula a colazione e una prima di cena). Questo trattamento disintossica i reni.

Poi si prendono le erbe Renalia: bollite un cucchiaio ben pieno per dieci minuti (decotto) in un litro d'acqua e bevetelo in più volte nell'arco della giornata. Bevete per quattordici giorni, fate una settimana di riposo e riprendete per altri quattordici giorni. Con queste erbe (essenzialmente *Combretum micranthum*) i reni si rigenerano.

Questo metodo molto semplice e poco costoso sembra avere risultati a lungo termine.

Metodo facile: Resolutivo Regium o Pioppavis

Una mia amica erborista mi ha fatto conoscere questo prodotto. Si tratta di un distillato acquoso di dodici erbe, di sapore leggero e non sgradevole, che va preso due o tre volte al giorno, lontano dai pasti (tre cucchiai da minestra in mezzo bicchiere d'acqua).

I vantaggi sono: la facilità di assunzione, l'assenza di alcool e di zucchero, il fatto di poterlo conservare a temperatura ambiente. È anche facile da reperire: arriva in una mezza giornata in qualsiasi farmacia italiana.

Contiene erbe che ne garantiscono

la conservazione, equiseto, altre erbe conosciute per le loro qualità depurative e la *saxifraga*, conosciuta anche come "spaccapietre" per la sua proprietà di disgregare i calcoli.

L'UE, nella regolamentazione dei prodotti da erboristeria impone sempre più restrizioni che costringono i produttori a rivedere spesso la composizione dei loro prodotti. Pare che questo sia successo con il *Resolutivo Regium*. Si spera che questi non perdano la loro efficacia.

Il *Resolutivo Regium*, che si acquista facilmente in farmacia o erboristeria, è un prodotto spagnolo usato da più di settant'anni. Consultando Internet, ho osservato che il produttore ne vanta le qualità antiparassitarie, depuratrici del fegato, dell'intestino e, da ultimo, dei reni. Su numerosi altri siti, invece, si sottolineano le sue qualità benefiche essenzialmente per i reni.

Nella sperimentazione che abbiamo effettuato, sembra che la minzione si sia intensificata dopo tre giorni di trattamento.

Se volete verificare l'efficienza del prodotto, prendetene la mattina, a digiuno, circa 40 ml in mezzo bicchiere d'acqua e rimanete a digiuno per tre-quattro ore: urinerete così tanto, che vi domanderete dov'era tutto questo liquido... Se questo non succede significa che il vostro apparato reni-vescica è perfettamente sgombro e funzionante.

Il *Resolutivo Regium* è certamente un prodotto molto valido da inserire in una cura facile per depurare l'organismo, soprattutto a livello di reni, fegato e intestino.

Alcune persone che lo hanno usato di continuo per oltre quaranta giorni hanno avuto la piacevole sorpresa di vedere i loro dolori articolari diminuire notevolmente, oltre a riscontrare un miglioramento del funzionamento reni-vescica. Questo è certamente dovuto alla elevata presenza di silice organica di cui l'equiseto è ricchissimo e che ha per proprietà di "riordinare" la distribuzione del calcio nel nostro corpo.

Un'alternativa al *Resolutivo Regium* è il prodotto *Pioppavis* della ditta Dr. Giorgini. Mi è stato segnalato da un rinomato medico omeopatico che conosco da tanto tempo. Il prodotto favorisce la pulizia dei reni eliminando calcoli renali e renella. Si prende con gli stessi dosaggi del *Resolutivo Regium*, aggiungendo un po' d'acqua.

Nota interessante: una tisana fatta con la barba di mais essiccata (il pelo scuro che fuoriesce dalla pannocchia), contribuisce a ripulire i reni.

Metodo dell'anguria

Diverse persone hanno trovato un grande giovamento dalla seguente procedura.

Bere per 5 giorni, in varie volte durante il giorno, il frullato di 2kg di anguria. Si frulla la polpa rossa, la parte bianca vicina alla buccia e i semi. Si filtra il tutto in un colino, e si beve. È meglio bere il succo fresco, appena frullato. L'interno dei semi è ricco di principi attivi.

Se ci si sente deboli durante questi 5 giorni, si potranno prendere dei cucchiai di miele come apporto calorico.

E se non succede niente?

Ci sono persone che mi scrivono lamentandosi del fatto che hanno fatto la pulizia dei reni e che non hanno osservato nessuna differenza. Generalmente si tratta di persone che apparentemente non hanno problemi. I reni sono organi che, se sono in buona salute, non hanno difficoltà a mantenersi "puliti". Quindi se non si osserva niente significa che i reni erano già in forma e la pulizia non ha avuto molta utilità, anche se può solo fare del bene.

In rarissimi casi, ci sono persone che si lamentano di dolori renali che non sono spariti. In questo caso occorre verificare se questi dolori sono davvero dovuti ai reni; spesso sono dolori muscolari.

Se sono dolori renali accertati, cambiate metodo di pulizia e bevete per una ventina di giorni acqua minimamente mineralizzata addizionata di bicarbonato di sodio (un cucchiaino per un litro e mezzo).

Pulizia del Fegato (e della cistifellea)

Considerazioni preliminari

Questo testo si basa sulle tecniche della dottoressa Hulda Clark (vedi introduzione). A mio avviso, assieme allo zapper, questo metodo è forse il più bel regalo che la Clark abbia fatto all'umanità.

Ho potuto osservare come la pulizia del fegato liberi dalle tossine l'organismo, migliorando incredibilmente la digestione, che è alla base di una buona salute. Si tratta certamente della procedura di pulizia che si esegue più rapidamente e che dà le maggiori e immediate soddisfazioni.

In caso di patologie gravi, è la pulizia che considero più efficiente e più veloce. Ha anche il vantaggio di consentire alla persona in via di guarigione di osservare gli effetti di un metodo semplice, vedendo come reagisce il proprio organismo (attraverso l'osservazione dei calcoli espulsi nelle feci, del colorito e della tonicità della pelle, delle reazioni visibili sulla lingua e attraverso un nuovo senso di benessere).

Dice la Clark: "*Con l'eliminazione dei calcoli biliari, spariranno anche le allergie, sempre di più, a ogni pulizia. Sembra incredibile, ma spariranno anche i dolori alle spalle e alla parte alta della schiena. Ti troverai con più energia e con un senso di maggior benessere.*

"Il compito del fegato è di produrre la bile, da uno a due litri al giorno. Il fegato è pieno di tubicini (tubi biliari), che riversano la bile in un grande tubo (il canale biliare). La cistifellea (o vescicola biliare) si trova lungo il canale biliare e funge da magazzino. Se mangi grassi o proteine, stimoli la cistifellea a comprimersi e a svuotarsi dopo circa venti minuti. Tutta la bile che era accumulata nella cistifellea viaggia nel canale biliare verso l'intestino.

"Tantissime persone, compresi bambini, hanno il canale biliare otturato da calcoli biliari. Alcuni sviluppano allergie o "hives", ma altri potrebbero anche non presentare sintomi. Comunque, tutti noi abbiamo calcoli biliari. Quando si fa un controllo della cistifellea con i raggi X, generalmente non si riscontra niente, perché questi calcoli non si trovano nella cistifellea e comunque sono troppo piccoli (hanno una dimensione massima di tre millimetri) e soprattutto non sono calcificati, cosa che li rende invisibili ai raggi X, salvo rarissime eccezioni. Alcuni sono però visibili tramite ecografia.

"Quando i calcoli crescono per dimensione e numero, creano una contro-

pressione sul fegato che viene costretto a produrre meno bile. È come se dovessimo annaffiare un bel giardino con un tubo dell'acqua molto otturato. Quando ci sono calcoli biliari, il corpo può espellere molto meno colesterolo e quindi il livello di colesterolo aumenterà.

"I calcoli biliari sono porosi e quindi possono essere invasi da batteri, cisti, virus e parassiti che passano nel fegato. In tale modo si creano dei "nidi" d'infezione nei quali i batteri si riproducono. Nessuna malattia dello stomaco come ulcere o gonfiori intestinali può essere curata in modo definitivo, se non si eliminano prima questi calcoli dal fegato e dai canali biliari".

La dottoressa Clark indica che prima, sarebbe meglio eseguire il programma di eliminazione dei parassiti (vedi la pulizia dai parassiti a base di assenzio o artemisia, chiodi di garofano e mallo di noci), in modo che il corpo sia in grado di fronteggiare meglio lo scarico dei canali biliari. Salvo fortissima urgenza di pulire il fegato, sarebbe anche opportuno aver completato il programma di pulizia dei reni (vedi "Pulizia dei reni" a pagina 35), perché alcune particelle fini potrebbero essere assorbite attraverso le pareti dell'intestino e inserirsi nel circuito reni-urine, andando a caricare maggiormente i reni.

Personalmente, per incoraggiare una persona ad iniziare un percorso di pulizia degli organi, per consentirle di osservare effetti veloci e stupefacenti grazie a una facile procedura, consiglio spesso di pulire subito e per primo l'apparato biliare "fegato-cistifellea", consigliandole di fare il giorno prima un mini-trattamento di *Resolutivo Regium* (si prende al mattino, appena alzato, 50 ml di RR in 50 ml di acqua tiepida, si ripete alla sera, un quarto d'ora prima di andare a letto). Se avete fatto la pulizia del fegato-cistifellea senza aver eseguito prima l'eliminazione dei parassiti e la pulizia dei reni, vi consiglio di riprogrammare il procedimento eseguendo con calma le varie pulizie: metalli pesanti, parassiti, reni, intestino. Per trarre il massimo beneficio dalla pulizia del fegato, bisogna eseguirla dopo aver completato tutte le altre.

Infine, dato che questo trattamento svuota e pulisce i canali biliari, nelle due settimane che seguiranno il fegato si scaricherà di ogni altro calcolo ancora presente, andando a intasare di nuovo la cistifellea. Per questo motivo, si consiglia di ripetere la pulizia dopo due o tre settimane, seguendo la stessa procedura.

Ho conosciuto il caso di una persona nella quale un'ecografia aveva evidenziato una massa scura nel fegato, che faceva temere addirittura la presenza di un tumore. Dopo la pulizia del fegato, questa massa non era più visibile!

PULIZIA DEL FEGATO

Ingredienti

- sale amaro (solfato di magnesio): 4 x 20g
- mezza tazza d'olio d'oliva (75 ml)
- 2 pompelmi rosa freschi
- ornitina: vedi riquadro pag. 53

Procedura

È necessario disporre di ventiquattro ore senza impegni, a cavallo di due giorni cioè dalle 14.00 del primo giorno alle 14.00 del secondo.
Questa procedura permette alla bile di formarsi e di creare una pressione sul fegato. Tanto più alta sarà la pressione, maggiore sarà il numero di calcoli espulsi.

Il giorno prima di iniziare

interrompete l'assunzione di qualsiasi farmaco, vitamine o altro che non sia stato prescritto dai medici come indispensabile. Sospendete anche l'eventuale assunzione di erbe o tinture, come per esempio quelle dei programmi anti-parassiti e per la pulizia dei reni.

Il primo giorno:

la colazione e il pranzo devono essere leggeri e privi di grassi. Quindi vanno aboliti i latticini, gli zuccheri o le marmellate, tranne il miele. Si consigliano, al mattino, cereali come fiocchi d'avena (cotti con l'acqua) e miele e, a mezzogiorno, riso integrale (stracotto, almeno un'ora in pentola a pressione, con quattro volumi d'acqua per un volume di riso) con verdure saltate. Potete usare sale marino integrale a piacimento.

Ore 14.00:

per quest'ora dovete aver finito di mangiare e non mangerete più fino alle 14.00 del giorno successivo. Questo significa non mangiare niente, neanche un piccolo biscotto, e non bere altro che acqua pura. Se non rispettate questa regola, durante la cura potreste soffrire di nausea.

Ore 17.30:

vi consigliamo di fare un clistere con un litro di acqua a temperatura corporea nella quale avrete aggiunto 20 g di sale marino integrale fino e una tazza di infuso di camomilla molto concentrato. Molti preferiscono non fare il clistere, ma in realtà esso serve a potenziare gli effetti della cura.

Ore 18.00:
mescolate 20 g di sale amaro in 100 ml d'acqua. Bevete a piccoli sorsi. Se non riuscite a sopportare il sapore amaro che resta in bocca, subito dopo aver bevuto la soluzione, potete succhiare una fetta di limone, prendere una compressa di vitamina C, o un cucchiaino di miele.
Se l'olio d'oliva e/o i pompelmi sono in frigo, tirateli fuori e teneteli a temperatura ambiente.

Ore 20.00:
ripetete la procedura delle ore 18. Pur non avendo mangiato, non avvertirete senso di fame.
Organizzatevi in modo da essere a letto alle 21.45.

Ore 21.45:
mettete 75 ml di olio d'oliva in un recipiente di vetro che possa poi essere chiuso ermeticamente. Spremete i pompelmi, eliminate la polpa e, attraverso un colino, versate il succo (circa 100 ml) nel recipiente. Chiudete il recipiente e scuotete bene, finché si forma un liquido biancastro omogeneo (solo il succo di pompelmo riesce a omogeneizzarsi con l'olio d'oliva). Lasciate a riposo la bevanda, che prenderete alle 22.00.
Andate un'ultima volta in bagno per scaricarvi il più possibile. Non importa se ciò fa ritardare anche di un quarto d'ora il "compito" delle 22.00.

Ore 22.00:
bevete a piccoli sorsi, da seduti, la miscela pompelmo/olio. Entro cinque minuti dovete andare a sdraiarvi a letto.
È importantissimo: non aspettate di più. Solo una persona molto anziana o molto malata potrebbe aver difficoltà a coricarsi entro cinque minuti. Lasciate perdere l'ordine in bagno o in cucina e ogni altro impegno. Sdraiatevi. Se non lo fate, potreste vanificare l'intero trattamento!
Dovete stendervi supini (sulla schiena) con le braccia appoggiate in alto (cioè sopra la testa) e restare in questa posizione almeno per venti minuti. I calcoli biliari inizieranno subito a migrare. Non sentirete alcun dolore, perché i vasi biliari sono stati dilatati dal sale amaro che avete bevuto. Dormite e non preoccupatevi!

L'indomani mattina:
quando volete, ma **non prima delle 6.00**, ripetete la procedura delle ore 18:00 e 20:00.

Due ore dopo:
ripetete la stessa procedura della mattina.

Ancora due ore dopo:
potete bere un succo di frutta (frutta europea di stagione senza aggiunta di zucchero) e mezz'ora dopo mangiare un frutto (europeo di stagione).

Alle 14.00:
potete assumere un pasto normale, ma leggero, possibilmente a base di un solo cibo (cioè senza dolce e con una sola portata).

Cosa può succedere durante il trattamento?

Poco prima di andare a letto, verso le 21.00, vedrete e sentirete la pancia molto gonfia (produrrà anche dei gorgoglii). Non preoccupatevi: è normale che succeda. Bere la miscela pompelmo/olio è molto più facile di quanto possiate immaginare. Il gusto è quasi piacevole e non sembra troppo oleosa. Dovreste addormentarvi senza problemi.

Alcuni dormono tranquillamente fino all'indomani. Forse, durante la notte, vi sveglierete con un lieve senso di rigurgito della miscela, con nausea, con la pancia in movimento. Alzatevi e andate a scaricare in bagno. Se ci riuscite, fate qualche eruttazione. Avrete quasi sicuramente tendenza a diarrea.

Se volete, dopo aver defecato, di notte o al mattino, non buttate la carta nella tazza del WC (buttatela nel cestino), ma guardate l'acqua. Con un recipiente (bicchiere o pentolino), versate lentamente acqua nella tazza per lavare i residui che galleggiano. Poco a poco l'acqua della tazza del WC si schiarisce, ma rimangono a galla tutti i calcoli biliari: la maggior parte sono verdi, alcuni di colore più chiaro o più scuro (nero, rosso, bianco, verde o marrone). Quelli verdi sono ricoperti di bile. La maggior parte contiene cristalli di colesterolo.

Se continuate a schiarire l'acqua, versandone della nuova, potete osservare meglio questi calcoli: galleggiano e generalmente appaiono come delle perle; potete anche prelevarli con un recipiente, lavarli dolcemente nel lavello della stanza da bagno e metterli a seccare su della carta igienica o su carta assorbente.

Osservateli: avrete la sorpresa di notare come alcuni hanno proprio la forma di un'incrostazione all'interno di un tubo. Esaminando quelli a forma di perla a occhio nudo o al microscopio, si osserva che il loro nucleo è un organismo scuro morto, che potrebbe essere costituito da un granello di calcio oppure da batteri o parassiti morti.

L'80% dei calcoli biliari sono composti di colesterolo per più di due terzi. Sono denominati "calcoli colesterinici" e sono prevalentemente di colore chiaro (verde, giallo, bianco). Possono raggiungere la dimensione impressionante di piccole ciliegie, ma sono molto morbidi.

Gli altri calcoli si chiamano "calcoli pigmentati", più piccoli, più scuri (neri, rossi, marrone) e meno morbidi, sono composti per più di due terzi da fosfato o carbonato di calcio. Quando si asciugano e diventano secchi, la loro dimensione diminuisce considerevolmente.

Se vi fa "schifo" osservare questo "prodotto", ricordate che qualche generazione fa, per capire lo stato di salute, i pazienti o i medici osservavano minuziosamente le feci...

Proverete una grandissima soddisfazione nel vedere il regalo che avete fatto al vostro fegato, liberandolo da tutto quell'intasamento. I vostri sforzi sono stati coronati da successo!

Dopo la prima scarica, e l'eventuale prima osservazione dei calcoli, tornate subito a letto. Se necessario, quando volete, tornate a scaricare in bagno. Rimanete a letto almeno fino alle 6.00 (meglio se ci state fino a metà mattina). Vi raccomando di mangiare leggero sia a pranzo che a cena il secondo giorno (niente grassi), perché altrimenti sottoporrete a uno shock il fegato che si è appena ripulito.

Per questo primo giorno un'alimentazione di tipo macrobiotico o comunque molto sana e leggera è l'ideale. Non sottoponetevi a stress fisici o sportivi, svolgete attività tranquille (come camminare). Fino a sera e forse anche durante la notte successiva continuerà la tendenza alla diarrea. Sono le ultime scariche della cistifellea. La sera andate a letto presto e prevedete di dormire molto. Sarete sorpresi dalla qualità del vostro sonno.

Forse non siete abituati a osservare il vostro corpo e non vi rendete conto subito dei cambiamenti; comunque ci saranno:

- una migliore assimilazione dei cibi
- un eventuale sollievo nella parte sottocostale vicina al fegato
- una diminuzione di rigidità nella parte alta della schiena
- una pelle migliore, meno gialla e più morbida.

Vi consiglio di osservare bene la vostra lingua prima, durante e dopo la cura; potreste notare la comparsa di irritazioni sui lati (zona riflessa del fegato). Questo vi mostrerà quanto la lingua possa essere utilizzata come strumento di valutazione della salute del corpo e il confronto "prima-dopo" dovrebbe convincervi del fatto che qualcosa di buono è accaduto.

Ci sono effetti collaterali?

No. L'esperienza di Hulda Regehr Clark si basa su più di cinquecento casi (la mia su una trentina). Nessuno ha avuto problemi tali da dover interpellare un medico. Nessuno ha sofferto di dolori dovuti alla migrazione dei calcoli. Circa la metà delle persone si è lamentata dell'amarezza del sale amaro. Solo alcuni hanno avvertito il senso di nausea per uno o due giorni; tuttavia, tutte queste persone erano tra quelle che non avevano previamente seguito il programma anti-parassiti. Per questo motivo consigliamo di completare il trattamento anti-parassiti prima di iniziare la procedura.

E se la cistifellea è stata asportata chirurgicamente?

Un'assistente della dottoressa Clark mi ha personalmente riferito che il trattamento è altrettanto valido, non comporta problemi. Vengono comunque eliminati colesterolo e incrostazioni dai dotti biliari.

Due medici che eseguono autopsie mi hanno riferito separatamente che nel caso in cui la cistifellea è stata asportata chirurgicamente a pazienti ancora giovani, l'organismo ha manifestato la tendenza a creare nel coledoco (dotto

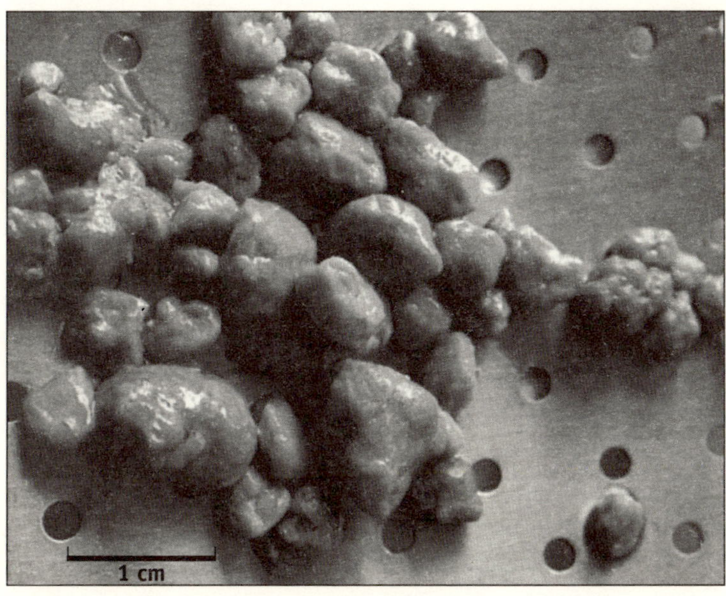

biliare) un rigonfiamento che assume parzialmente l'apparenza e la funzione della cistifellea mancante.

Questa pulizia è stata eseguita da alcune persone prive di cistifellea che ne hanno comunque tratto giovamento. L'unica differenza è che gli effetti possono risultare meno evidenti.

Possibili controindicazioni

Mi sono stati riferiti due casi di "quasi svenimento" da parte di due persone che avevano subito l'ablazione della milza. Pertanto, queste persone dovrebbero cominciare provando a ridurre a un quarto tutte le dosi: es. 5g di sale amaro (invece di 20), 20g di olio (invece di 75) eccetera.

Dovrebbero anche reperire l'ornitina e usarla.

Un'altra controindicazione è (ovviamente) uno stato di intestino non funzionante e con una situazione di costante diarrea o dissenteria.

Note importanti:

l'esperienza insegna che, se si sta entrando in uno stato febbrile o di debolezza (stato acuto di influenza o di indigestione), conviene rimandare la cura del fegato. Altrimenti, si potrebbe soffrire di difficoltà digestive e fenomeni di vomito dopo l'assunzione della bevanda col sale amaro.

Se avete il sonno leggero o se siete già soggetti a nausee, Hulda Clark consiglia di prendere Ornitina prima di andare a dormire. Questa Ornitina non si trova facilmente in Italia e quindi quasi nessuno di quelli che riportano la loro esperienza ne ha fatto uso. Però, da qualche anno le teorie della Clark si sono diffuse e alla fine del libro potete trovare indirizzi utili sui punti vendita presso cui rifornirsi. È ora reperibile anche in farmacia (prodotto L-Ornitina, ditta Long-Life). La dose è di 3 tavolette da prendere alle 21:00 con poca acqua.

La percezione dell'amarezza del sale può essere attutita bevendo la soluzione velocemente e senza respirare. Alcune persone hanno la tendenza "masochista" a sorseggiare il sale amaro per osservare, sorso dopo sorso, quanto è amaro e poi lamentarsene...

ESPERIENZE

Seguono alcuni resoconti di esperienze di pulizia del fegato e della cistifellea.

1. Esperienza di Erica, anni 33, malata di tumore al colon

La cura del fegato è stata eseguita come previsto, dopo la pulizia anti-parassiti e un ciclo di clisteri.
I calcoli biliari sono comparsi con ritardo, cioè solo a partire dalle 11.00 del secondo giorno e hanno continuato a comparire ancora per tutto il terzo giorno.
Erica ha perso appetito e la cura è avvenuta in concomitanza con le mestruazioni, generando uno stato di stanchezza fisica che l'ha indotta a digiunare per quasi tutto il secondo giorno.
I calcoli erano praticamente tutti di colore verde pisello. I primi avevano una dimensione di circa due-tre millimetri, molti erano tondi, alcuni più piccoli. I secondi erano anch'essi verdi, ma con una sfumatura leggermente più gialla e alcuni avevano dimensioni incredibilmente grosse, fino quasi a quelle di una ciliegia (un centimetro e mezzo).
Sin dal terzo giorno, il viso (che presentava un forte colorito giallo-marrone) ha riacquistato un po' di colore rosso.
Non c'è mai stata la minima sensazione di dolore nella migrazione e nell'espulsione dei calcoli.
Erica ha anche segnalato di avvertire sin dal secondo giorno una sorta di calore, un'"energetizzazione" della schiena. Ha anche riferito che le sue mestruazioni, di solito abbastanza dolorose, sono diventate molto meno disturbanti del solito.
Va detto che in concomitanza con questa cura, Erica stava seguendo da tre giorni una dieta a base di cereali integrali (riso integrale, fiocchi d'avena, eccetera).
Erica si è lamentata molto del gusto amaro della soluzione di sale amaro e dopo l'assunzione ha sempre ingerito un cucchiaio di miele.
Entusiasta della cura, Erica ha mostrato i calcoli al suo medico curante, che li ha qualificati semplicemente come "feci". Hanno quindi deciso di sottoporli ad analisi biochimica delle feci (quindi senza porre al laboratorio la domanda: "Potrebbe trattarsi di calcoli biliari?") col seguente risultato: per tutte le voci il risultato è "assente"; il pH è 5. Se dovessero essere veramente delle feci, sarebbero feci molto strane...
A distanza di sei anni e mezzo, si segnala che Erica è guarita dal suo tumore, che ha anche partorito (dopo quattro anni) una bellissima bambina e dopo sei un bellissimo bimbo. Tale risultato è attribuibile all'immenso lavoro che Erica ha fatto su se stessa, a tutti i livelli (fisico ed emozionale).

2. Esperienza di Livia, dietista, 38 anni, senza problemi di salute

Ha eseguito la cura anti-parassiti e la pulizia dei reni. Da circa quindici anni Livia cura molto la propria alimentazione, avendo eliminato la carne, il burro e ogni forma di zucchero.

Nell'assumere il sale amaro, per attenuarne il sapore, ha aggiunto alcune gocce di limone (che potrebbero aver diminuito anche l'azione del solfato di magnesio). Comunque, l'espulsione di calcoli biliari è stata molto limitata: erano tutti piccoli (al massimo di due millimetri) e tanti avevano la forma caratteristica di incrostazione di un tubo. Nella seconda pulizia, quindici giorni dopo, sono apparse palline (come piccoli piselli) verdi che corrispondono allo scarico del fegato, perciò a depositi recenti di colesterolo che sarebbero probabilmente stati eliminati naturalmente.

3. Esperienza di Anna, medico, 42 anni, affetta da tumore al seno

Ha eseguito la cura anti-parassiti. Da quasi quattro anni Anna convive con il suo tumore e in questo periodo si è sottoposta a un grande numero di diete depurative, nonché a terapie alternative. Anna ha eseguito scrupolosamente la cura e dice di non aver espulso assolutamente alcun calcolo biliare. Questo starebbe a dimostrare quanto bene si era già depurata con altri mezzi.

4. Esperienza di Chiara, 19 anni

Ha eseguito il trattamento senza farlo precedere dalla cura anti-parassiti e dalla pulizia dei reni. Non ha neanche fatto il clistere preliminare. La sera del primo giorno è uscita per una lezione di ballo, lamentandosi del "pancione". Ha poi passato una notte tranquilla e ha evacuato solamente dopo le 11.00 del mattino. Questo ritardo può essere attribuito proprio al fatto che non avesse previamente svuotato l'intestino col clistere e al fatto che è andata a dormire a mezzanotte. Il secondo giorno l'amarezza del sale le è sembrata quasi insopportabile. Chiara perdeva i capelli in grandissima quantità. Subito dopo il trattamento si è sentita più leggera e già dopo una settimana la perdita dei capelli è notevolmente diminuita, fino a diventare un fenomeno di entità normale.

5. Esperienza di Mario, 77 anni

Nella convalescenza da trombosi e crisi epilettica, Mario aveva difficoltà motorie e digestive. Non ha voluto fare il clistere. Ha eseguito il trattamento senza sapere di cosa si trattasse e non gli è stato spiegato cos'era la miscela che doveva bere prima di coricarsi. È andato tutto bene. Il suo primo scarico è avvenuto la mattina, dopo una notte di sonno trascorsa normalmente. In questo scarico era presente una fitta e sottilissima gran-

dine bianca. Ha poi avuto tendenza a diarrea per tre giorni di seguito, finché l'intestino si è regolarizzato. Il recupero motorio è stato notevole (forse dovuto ad altri trattamenti di ginnastica e di riflessologia plantare effettuati proprio in quei giorni). Mario lamentava anche un problema di emorroidi, che è scomparso.

6. Esperienza di Rosaria, 50 anni

Rosaria si lamentava di un forte dolore alla parte alta della schiena, di difficoltà a dormire, di dolori saltuari allo stomaco e di irregolarità intestinali. Dopo l'assunzione delle due prime dosi di sale amaro ha avuto una forte diarrea. Abbiamo così ridotto di metà le dosi ulteriori. Il resto della cura si è svolto normalmente.
Rosaria non si è preoccupata di osservare l'eventuale produzione di calcoli biliari. Sin dal giorno successivo al termine della cura, il mal di schiena è scomparso, il sonno è diventato più profondo, l'intestino si è regolarizzato. Non c'è stato miglioramento a livello dello stomaco, dove il problema è probabilmente legato a stress.

7. Altre esperienze

Una donna di 40 anni, che aveva il desiderio di migliorare il suo benessere fisico, ha eseguito il trattamento anti-parassiti e poi quello di pulizia del fegato. Soffriva di un dolore forte alla schiena, che da oltre tre anni non riusciva a eliminare. Subito dopo la pulizia del fegato, è stata sorpresa dalla scomparsa totale di questo dolore ed è stata pervasa da un incredibile senso di leggerezza (si precisa che questa persona ha trovato e usato l'Ornitina).

Gianni, di 42 anni, con diagnosi di tumore al fegato e ai polmoni, ha eseguito la pulizia del fegato e ha espulso una grande quantità di "piselli verdi". Si è sentito subito più leggero e ha programmato un'altra pulizia dopo due settimane. Continua a convivere con la malattia svolgendo una vita normale, integrando terapie della medicina ufficiale (chemio) con interventi di pulizia e di scarico (anti-parassiti) e con l'idrocolonterapia.

Marzia, 39 anni, ha ricevuto la diagnosi di calcoli biliari e dovrebbe essere operata per la resezione della cistifellea. Dopo aver preso il Resolutivo Regium, *esegue la pulizia del fegato ed elimina calcoli di varie dimensioni, tra cui uno sferico di 2,5 cm (vedi foto). I fastidi e i dolori sono scomparsi, l'operazione è stata annullata.*

Al momento di andare in stampa, ricevo il seguente messaggio da un uomo

Un calcolo di 2,5 cm (una operazione evitata...)!

di 38 anni, che mostrava nel viso e sulle unghie degli alluci chiari segnali di intasamento del fegato e che si lamentava di senso di pesantezza e che ora riferisce:

"Ho fatto la pulizia del fegato, seguendo tutte le istruzioni. Il momento più doloroso sono state le due ore dopo il clistere, caratterizzate da forti crampi. La notte è passata bene e la mattina successiva, alle prime quattro scariche sono usciti un centinaio circa di pallini verdi, alcuni dei quali di dimensioni un po' più piccole di quelle di un osso di ciliegia. Li ho portati ad analizzare e la risposta è stata che si tratta di materiale prevalentemente formato da calcio e colesterolo. I giorni immediatamente successivi alla cura ho provato un generale senso di sollievo.

"Ringrazio per la disponibilità mostrata e saluto cordialmente".

E se non ha funzionato?

Tra tutte le persone che hanno fatto l'esperimento della pulizia del fegato-cistifellea, ci sono pochissimi casi (5%) in cui "non è successo niente, non è stato visto niente".

Le persone che hanno ottenuto questo risultato sono praticamente tutte vegetariane (spesso vegetaliane), e hanno già eseguito precedentemente altre pratiche di pulizia degli organi. Perciò, nel momento in cui eseguono la pulizia del fegato, non hanno più scorie da espellere. Oppure sono persone che hanno l'abitudine di assumere al mattino (o alla sera) un cucchiaio da minestra di olio (di oliva o di girasole), che ha un effetto depurativo.

Quindi se dovesse succedervi, siate felici di avere la vescicola biliare e il fegato così puliti.

Se dovesse succedere a una persona col fegato intasato, l'unica spiegazione che posso trovare è che non ha seguito le istruzioni indicate, soprattutto per quanto concerne l'emulsione "olio-pompelmo".

Ecco alcune possibili spiegazioni: la quantità di olio era notevolmente inferiore a quella indicata, l'olio utilizzato era un olio alterato (non vergine, acido), il pompelmo era un'arancia.

Se vi dovesse succedere e non ne trovate la spiegazione, fatemelo sapere via e-mail.

Abbinamento con la pulizia dell'intestino

Per le persone che non sono troppo deboli o provate fisicamente, può essere opportuno programmarsi una idrocolonterapia nel pomeriggio del giorno in cui sarà terminata la pulizia del fegato-cistifellea. In questo modo si svuoterà completamente il colon di ogni residuo e il lavaggio del colon sarà anche più efficace. In questo caso si dovrà digiunare ancora a pranzo (tra la pulizia del fegato e la pulizia dell'intestino), potendo solo prendere a pranzo e subito dopo l'idrocolonterapia acqua, sale, miele o succhi di frutta. Se vi sentite con poca energia, aumentate la dose di miele e sale. A cena, uno yogurt magro e riso condito con poco olio e sale.

L'abbinamento con la pulizia dell'intestino può essere eseguito molto facilmente utilizzando il "metodo yoga" (descritto più avanti nel capitolo della pulizia dell'intestino) nel seguente modo: alla fine della procedura di pulizia del fegato-cistifellea, sostituire l'ultima assunzione di sale amaro con acqua salata, procedendo poi come indicato nel "metodo yoga".

In caso di epatite

Segnalo l'efficienza del trattamento di Pradilla/Lombardi con Hepavital e Hepason. Gli stessi consigliano la tisana Ciral in caso di cirrosi. Per il reperimento dei prodotti, vedi indirizzi utili alla fine del libro.

Pulizia dell'intestino

Considerazioni preliminari

Se stendessimo su una superficie piana l'intestino, otterremmo un'estensione di 250 m^2, l'equivalente della superficie di un campo da tennis (mentre quella del sistema respiratorio è di 25 m^2 e quella della pelle è di 2,5 m^2).

Questo significa che possiamo convivere con un intestino parzialmente intasato..., ma ovviamente si gioca a tennis molto meglio su un campo pulito sul quale le palline rimbalzano bene... e si fa meno fatica!

In realtà, parleremo di pulizia del colon e non di pulizia dell'intestino tenue. Tuttavia, è facile capire che se c'è un ingorgo quasi totale a un casello autostradale, presto si intaserà l'intera autostrada, poi gli svincoli e così via...

Per diminuire il problema, si può usare la corsia di emergenza, ridurre l'accesso all'autostrada, si possono adottare alcune misure, ma l'unica veramente efficace è quella di disintasare il casello.

Lo stesso vale per l'intestino. Se i cibi permangono un tempo eccessivo nel colon, la valvola ileo-cecale posta alla fine dell'intestino tenue non consentirà l'uscita di cibo e quindi anche l'intestino tenue si intaserà e la quantità di tossine presenti nel colon aumenterà.

Tutte le terapie alternative per malattie gravi richiedono come requisito primario ed essenziale la pulizia del colon. È ovvio: meno tempo il cibo permane nel colon, meno tossine il corpo dovrà assorbire o neutralizzare; i problemi di stitichezza o diarrea saranno eliminati e le relative fatiche dell'organismo saranno ridotte.

Un intestino che funziona bene permette una defecazione regolare e priva di sforzo, senza alternanza di stitichezza-diarrea, con una buona pastosità delle feci e senza una puzza eccessiva.

Inoltre, quando si preme l'addome, dovrebbe essere dappertutto morbido, non si dovrebbero sentire zone indurite o organi interni contratti e, soprattutto, non si dovrebbe provare dolore.

Quando vedo persone di mezza età con la pancia sporgente, ansimanti e con un alito fetido, non riesco a capire come nessuno (essi stessi o i loro medici o parenti) abbia l'idea di insistere e consigliare di praticare la pulizia dell'intestino con metodi moderni o tornando agli efficaci clisteri delle nostre bisnonne. Vedi anche "pulizia dell'alito".

Se questo non è il vostro caso, vi conviene intervenire:

- con prodotti naturali, che ripuliscono e rigenerano la flora batterica intestinale
- con cicli di clisteri
- con l'idrocolonterapia.

Idrocolonterapia

L'intervento di idrocolonterapia non è assolutamente penoso o traumatizzante; può addirittura generare un piacevole senso di leggerezza. Se non trovate chi la pratica, potete rivolgervi all'Associazione nazionale per l'Idrocolonterapia di Bologna (vedi alla fine del libro), che vi fornirà il nominativo di un terapeuta vicino al vostro luogo di residenza.

Applicando la tecnica del "colema" (vedi *Intestino libero*, in Bibliografia e vedi pagina 77), si ottiene una variante casalinga e non costosa dell'idrocolonterapia. Il principio è questo: si esegue un clistere "a caduta d'acqua" con una grande quantità d'acqua (dodici litri). In questo modo si ripulisce totalmente l'intestino crasso. Per i dettagli della procedura, fate riferimento al libro di Jensen (vedi Bibliografia).

Anche se alcuni terapisti preferiscono eseguire la pulizia dell'intestino con un metodo meno invasivo, con prodotti naturali o a base di erbe, ci sono sempre più medici o terapisti che praticano l'idrocolonterapia (chiamata anche "lavaggio del colon" o "idroterapia colonica" o "irrigazione del colon"). I bravi terapisti si riconoscono dal fatto che vi consiglieranno una dieta liquida di due o tre giorni prima di procedere all'intervento e anche reintegratori della flora batterica (Microflorana, Nutriflora, o simili) durante e dopo l'intervento. Sebbene il lavaggio elimini solo la flora batterica patogena, un apporto di flora batterica sana può essere utile per l'organismo alla fine del trattamento, perché velocizza la riconquista dello spazio da parte della flora batterica sana. Inoltre, occorre sempre lasciar passare due-tre settimane tra due lavaggi consecutivi (a eccezione di casi particolari e urgenti).

Un'altra caratteristica del terapeuta bravo è che durante il lavaggio eviterà di pilotare eccessivamente le fasi di carico/scarico di acqua nel colon e saprà gestire la macchina in modo che sia il vostro colon a sentire lo stimolo dello scarico e a provocare l'espulsione dell'acqua, come succede nella pratica del colema... Il terapeuta esperto saprà anche aiutarvi a scaricare bene grazie a un respiro addominale e ad alcune pressioni che eseguirà sulla vostra pancia.

Il terapeuta (o il medico) rimarrà accanto a voi per tutta la durata del trattamento, osservando e commentando il ritmo delle scariche e i prodotti scaricati, per aiutarvi ad aumentare il livello di consapevolezza di ciò che succede nel vostro corpo.

Ricordatevi che non è possibile pulire il colon in una sola seduta. Ne sono necessarie due o tre distanziate da due-tre settimane. Ricordatevi anche che, se digiunerete o almeno seguirete una dieta di soli liquidi nei due giorni precedenti l'"intervento", la pulizia sarà molto più efficace. L'idrocolonterapia è certamente più efficiente e più valida dei clisteri (vedi pagina 74).

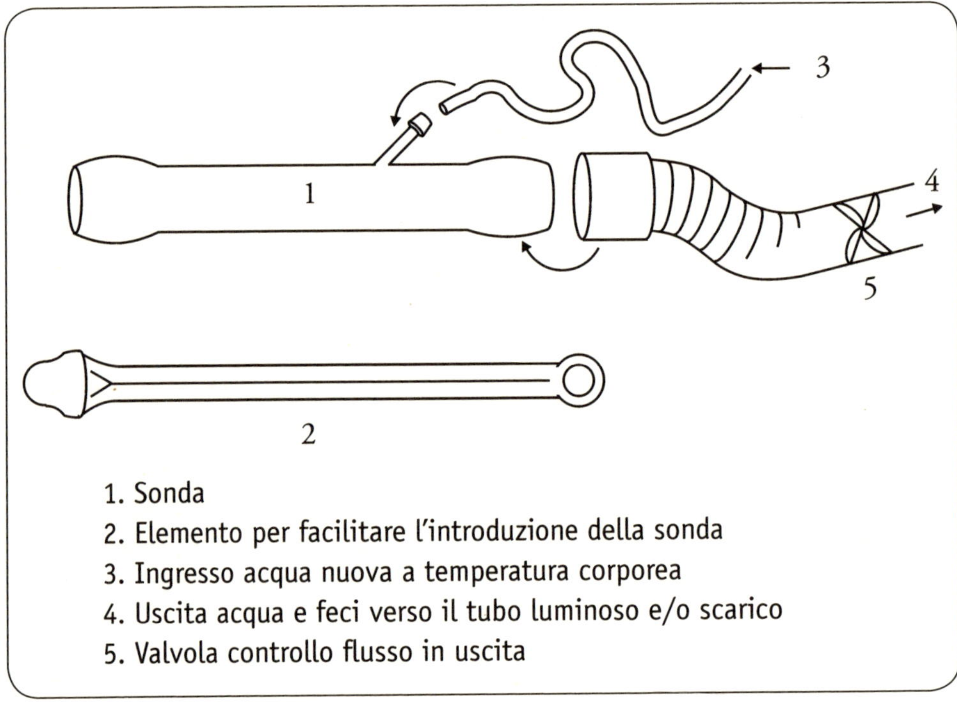

1. Sonda
2. Elemento per facilitare l'introduzione della sonda
3. Ingresso acqua nuova a temperatura corporea
4. Uscita acqua e feci verso il tubo luminoso e/o scarico
5. Valvola controllo flusso in uscita

Descrizione del metodo

La tecnica consiste in un clistere eseguito con l'aiuto di una macchina e che dura dai trenta ai quarantacinque minuti.

Viene inserito nell'ano un tubo (una sonda) attraverso il quale verranno eliminate le feci o i residui rimasti nel colon. Questo tubo possiede una diramazione laterale costituita da un tubicino attraverso il quale verrà introdotta acqua nel colon.

Il paziente, sistemato su un lettino da massaggio, si gira sul fianco e il terapeuta gli introduce la sonda nell'ano (operazione assolutamente non dolorosa e non traumatica). Fatto questo, si può comodamente stendere sulla schiena, coperto da un lenzuolo, tenendo le gambe ripiegate (i piedi poggiano comodamente sul lettino, le ginocchia sono in alto).

La macchina permette di inviare acqua dal tubicino, variandone la pressione o la temperatura, a giudizio del terapeuta. Queste variazioni sono molto lievi e appena percettibili, quindi assolutamente non invasive.

Il lavaggio totale del colon avviene non perché la sonda o il tubicino penetrino più avanti nel colon (il tubo non è più lungo di una normale sonda da clistere), ma perché il colon alterna fasi di riempimento a fasi di svuotamento. Infatti, quando l'acqua ha riempito il colon, interviene il senso di "dover andare di corpo" e il colon si contrae espellendo acqua e residui recenti o vecchi. Se il colon è "pigro", sarà il terapeuta a intervenire sui rubinetti di chiusura e apertura per pilotare lo scaricamento.

Al ritorno, l'acqua, assieme alle feci e/o ai parassiti, esce dalla sonda ed è convogliata verso un tubo di vetro orizzontale posto davanti a uno schermo luminoso per consentire al terapeuta, e a volte anche al "paziente", di visualizzare quello che esce. Se il terapeuta è esperto e svolge il suo lavoro con passione, vi aiuterà a comprendere alcuni aspetti del funzionamento e dello stato del vostro colon.

Si tratta di un'operazione assolutamente indolore, l'unico eventuale dolore è causato dalle pressioni manuali che il terapeuta esegue sulla pancia per aiutare i residui a staccarsi dalle pareti del colon. La sessione dura circa quaranta minuti.

Uno svantaggio della idrocolonterapia rispetto al metodo dei clisteri o enteroclismi descritti nelle pagine seguenti è che nella quasi totalità dei casi le macchine sono progettate per introdurre solo acqua. Questo è un vero peccato, perché si conoscono i benefici ottenuti dall'introduzione di acqua salata o caffeinata o ossigenata che sono molto efficaci per l'eliminazione di parassiti o di depositi incrostati. Ci sono comunque alcuni rari centri di talassoterapia che usano acqua salata e altri che hanno un sistema per aggiungere ossigeno o altri prodotti.

Riporto qui di seguito tre esperienze di idrocolonterapia. Va precisato che le prime due esperienze sono per certi aspetti "eccezionali", perché la maggior parte dei terapeuti non mette tutto questo impegno nell'osservare i reperti che vengono eliminati con l'acqua e generalmente non coinvolge il paziente in questa osservazione. Addirittura, spesso sistema i pazienti in modo che questi non vedano niente di quello che esce dal loro intestino... Peccato!

ESPERIENZE

La mia esperienza

Avevo letto e sentito parlare dell'idrocolonterapia (o idroterapia colonica). Mi capitava di trovare gente con la pancia durissima e soprattutto persone (come me) con punti duri nella pancia. Chi aveva fatto questa esperienza mi parlava sempre di una sensazione celestiale... Ho voluto provare.

Prima di tutto, c'è stato un incontro nel quale il terapeuta ha controllato, attraverso i vestiti, la situazione generale. Dopo avermi palpeggiato la pancia per verificare la situazione del colon o l'eventuale presenza di patologie, mi ha detto che nell'intestino tenue c'erano dei "blocchi" che non mi consentivano di assimilare bene i cibi. Mi ha quindi fatto alcune forti pressioni sull'intestino tenue.

Infine, mi ha fissato un appuntamento per la settimana successiva, consigliandomi di seguire una dieta liquida nei due giorni che precedevano la sessione di idroterapia colonica.

Per trarre il maggior vantaggio possibile da questo intervento, mi sono preparato con un digiuno totale di tre giorni (assumendo solo mezzo litro al giorno di succo di verdure filtrate sotto forma di "sciroppo di Breuss" (vedi pagina 39).

Il giorno prima ho fatto un clistere di mezzo litro con acqua e sale che ho ripetuto quattro ore prima della sessione. Questo mi ha consentito di arrivare totalmente vuoto e di non perdere tempo per ripulire il colon dalle feci.

Il giorno del primo trattamento il terapeuta è stato molto delicato nell'introduzione della sonda e, dopo aver pilotato lo scaricamento del colon per una decina di minuti, ha lasciato che fosse il mio intestino a dettare i ritmi del trattamento.

Il colon ha delle fasi naturali di accettazione (riceve l'acqua) e di espulsione (espelle l'acqua e i reperti). Generalmente non c'è un forte stimolo a defecare, ma nel caso in cui si distacchino dei "grumi" dalle pareti, si sente questo impulso e il colon si contrae fortemente.

Nel mio caso, nella prima sessione si sono distaccati tre grumi che il terapeuta ha identificato come fibromi e mi sono meravigliato nel veder passare nel tubo di vetro illuminato dei parassiti a forma di "fantasmini" (come "macchia nera" di Topolino, con due occhietti e delle braccia a ganci per aggrapparsi alla parete) di dimensioni tra i cinque e i dieci millimetri e altri parassiti più chiari,

come dei piccolissimi draghi (di circa un centimetro di lunghezza); assieme a questi c'erano tanti granellini che il terapeuta ha identificato come uova.
Quando questi "grumi di fantasmini" si staccavano, l'acqua si tingeva di rosso.
Il terapeuta diceva che normalmente questo distacco produce un po' di sangue, ma nel mio caso la colorazione rossa era dovuta allo sciroppo di Breuss che avevo preso durante il digiuno e che conteneva tante barbabietole rosse. L'acqua espulsa variava quindi il suo colore: da trasparente e "pulita" si tingeva di rosso, di marrone o di giallo. Quando si è tinta fortemente di grigio, il terapeuta mi ha detto che si trattava di eliminazione di candida (nei miei studi di naturopatia ho scoperto che quasi tutti abbiamo, o abbiamo avuto, problemi di candida), mentre il colore giallo era da attribuire all'eliminazione di colesterolo e infatti si vedevano passare anche grumettini di colesterolo. Mi è stato spiegato che c'era parecchio grasso, che il mio corpo non riusciva ad assimilare.
Ho visto anche passare una cosa più scura e più tonda, che il terapeuta ha identificato come un parassita che "invade" generalmente i bambini quando hanno circa dieci anni e che quindi avrei avuto in pancia da circa quarant'anni!
Dopo quaranta minuti la sessione avrebbe dovuto concludersi, ma ero così sorpreso di come il tempo era volato e, visto l'andamento molto buono e il fatto che avevamo "risalito" il discendente e il traverso, abbiamo prolungato la sessione di un'altra mezz'ora. In questo tempo supplementare, il terapeuta ha eseguito forti pressioni su alcune parti della mia pancia, provocando lo scarico di tre-quattro altri grumi scuri, che ha chiamato "incrostazioni" o "colonie di parassiti".
Al termine del trattamento, non ho sentito niente di celestiale, mi sentivo un po' giù di pressione e con la pancia lievemente indolenzita. Tutta la pancia era morbida, a eccezione di una zona dura nel traverso vicino all'ombelico. Il discendente era stato totalmente pulito. Ho finito alle 20.15 e sono arrivato a casa alle 21.00.
Lì, avrei fatto meglio a continuare il digiuno e a dormire subito.
Invece, ho ceduto alla tentazione di una cena già pronta e… non tanto leggera (un piatto di patate crude con acciughe e capperi e un brodo di miso con saraceno).
Non ho dormito egregiamente, mi sono dovuto alzare per scaricare ancora dell'acqua e sentivo la cena nello stomaco.
L'indomani, invece, mi sono sentito molto leggero e in armonia. Ho nuotato in piscina sul dorso e mi sono stupito di come nuotavo armoniosamente. Provavo la stessa sensazione quando

camminavo.

Facendo la doccia, sono stato sorpreso nel vedere i movimenti ondulatori che riusciva a fare la mia pancia. Allora ho ripensato alle parole del terapeuta, che mi aveva raccontato che tante modelle, tra cui la Schiffer, praticano questa idrocolonterapia una volta alla settimana.

Dal momento in cui ho finito il trattamento, mi sono sentito più caloroso. Sono rimasto sorpreso dal fatto che ci siano voluti tre giorni prima che ricominciassi a dover andare in bagno. È una grande sorpresa ricominciare a mangiare e farlo per tre giorni, senza dover andare in bagno...

La mia prima riflessione è che quelli che fanno questo trattamento in una sola sessione e senza essersi previamente preparati con clisteri o diete particolari, possono forse provare una sensazione celestiale di leggerezza e vuoto, ma fanno sicuramente un lavoro a metà...

Un mese dopo mi sono sottoposto alla seconda seduta.

Mi sono preparato nuovamente con un digiuno di tre giorni.

Il primo giorno ho bevuto lo sciroppo di Breuss, il secondo e il terzo ho preso un litro di "beverone" (vedi pagina 32) e ho mangiato un po' di malto di riso.

Ho nuovamente fatto i clisteri e sono arrivato più in forze della volta precedente, in cui avevo fatto un digiuno senza ingerire elementi energetici (miele e malto), ma solo verdure.

La seduta si è svolta più dolcemente; dopo una ventina di minuti si è staccato il deposito rigido del traverso e ho avvertito una leggera fitta in quella zona. In una delle scariche c'è stata una specie di nuvola grigia e il terapeuta mi ha detto che si trattava di una scarica di metalli pesanti.

Poi, ha continuato il trattamento variando leggermente la temperatura e la pressione dell'acqua.

Quando pensavamo che tutto fosse finito e pulito e il terapeuta stava per spegnere la macchina, è avvenuta una doppia scarica di parassiti che erano annidati chissà dove... In questa scarica ho visto una specie di piccolo tapiro con la tromba e il terapeuta (che possiede un librone descrittivo dei parassiti intestinali) mi ha spiegato che si trattava di una femmina con il suo organo produttore di uova.

In queste scariche abbiamo visto dei parassiti che avevano la forma di pezzi di bastone di liquirizia masticato, con fibre ai due lati, riconosciuti dal terapeuta come parassiti con le zampine.

Abbiamo quindi prolungato la seduta e, visto che volevo fare le cose in modo completo e riuscire a fare una seduta senza scaricare altri parassiti, ne abbiamo fissato una terza per il mese successivo.

Finita la sessione, ho mangiato dell'uva e una merendina biologica. Alla sera

ho mangiato riso integrale al miglio, bevendo brodo di miso. Ho dormito benissimo. Come l'altra volta, mi ci sono voluti tre giorni prima di rincominciare a produrre feci. Nei giorni seguenti, osservavo con piacere la morbidezza di tutta la pancia e il fluttuare dei suoi movimenti quando ne muovevo i muscoli.
Mi sembrava anche che alcuni movimenti di rotazione della colonna fossero più ampi e facili.
Un'altra osservazione, relativa alle settimane seguenti, è che quando muovevo la pancia con i muscoli, non facevo più i rumorosissimi gorgoglii che producevo prima; inoltre, andavo di corpo molto più facilmente e spesso scaricavo spontaneamente più di una volta al giorno, sentendomi costantemente con la pancia molto leggera. La sensazione era di poter scaricare l'intestino con la stessa facilità con cui scaricavo la vescica.
Ho pensato che, dopo la terza volta, avrei provato a sfruttare (e a godermi) più a lungo la sensazione di vuoto e di pulizia totale che si avverte dopo il trattamento. Il desiderio di riprendere a mangiare subito è mentale; ero anche curioso di vedere come sarebbe stato il mio sonno col colon totalmente vuoto, ripulito e a riposo.
Nel frattempo avevo anche letto i lavori riguardanti il metodo Kousmine (vedi Bibliografia) nel quale si raccomanda, dopo la pulizia del colon, di fare un clisterino di olio di semi di girasole spremuto a freddo, per il suo ricco apporto di vitamina F.
È arrivato il momento della terza seduta. Mi sono preparato con un digiuno di un giorno e mezzo.
L'ultimo pasto è stato la domenica a mezzogiorno, poi ho fatto un clistere lunedì sera e la seduta martedì mattina. Il colon era perfettamente pulito e senza parti dure, abbiamo visto passare una specie di seppia di un centimetro e mezzo e il terapeuta ha commentato: "E questa dov'era rimasta?".
Dopo una quindicina di minuti, in cui l'acqua era perfettamente chiara, il terapeuta ha effettuato alcune pressioni nella zona della valvola ileo-cecale, variando la temperatura dell'acqua e mi ha detto di essere "entrato" nel tenue. Avevo alcuni punti duri nel tenue e uno a uno sono stati sbloccati.
A un certo punto è passato nel tubo luminoso un lunghissimo serpentello, simile a un lungo spaghetto di soia, ripiegato più volte su se stesso, identificato come "colesterolo vivo" dal terapeuta, che ha aggiunto che dopo alcuni minuti avremmo dovuto trovare moglie e figlio, più piccoli... e così è stato: dopo poco abbiamo visto anche questi nel tubo luminoso.
La seduta è proseguita con leggere pressioni del terapeuta sulla mia pancia, poi egli mi ha guidato per farmi eseguire

respiri ventrali particolari e movimenti volontari dei muscoli della pancia.

Da un certo punto in poi, si è vista comparire quasi costantemente una finissima sabbia nera che correva sul fondo del tubo luminoso, identificata come "minerali in eccesso e non assimilati", motivo per il quale mi è stato consigliato di mangiare forse meno integrale, inserendo pesce bianco nella mia dieta di vegetariano.

Per convincermi, il terapeuta mi ha raccontato che Osawa (il padre della dieta macrobiotica) era morto di indigestione a un pranzo di nozze di una parente e non di cibo avvelenato, come si dice generalmente. Alla fine usciva solo acqua chiara e la seduta si è conclusa.

Sono andato subito in bagno, ho scaricato acqua e... feci puzzolenti! Ero abbastanza contrariato perché, mentre dopo le altre sedute non avevo avvertito alcun bisogno o voglia di scaricare, questa volta restavo con questo bisogno... inoltre mi dispiaceva avere ancora feci dentro l'intestino.

Però, ho pensato che questo scarico provenisse direttamente dall'intestino tenue, visto che il colon era ben ripulito. Sono rimasto comunque con il dubbio che anche questa volta avrei dovuto far precedere la seduta da tre giorni di digiuno o almeno da una dieta rigorosamente liquida, che avrebbe permesso di lavorare meglio sul tenue e avremmo potuto eliminare anche un punto che era rimasto duro, situato vicino allo stomaco.

Di ritorno a casa ho scaricato ancora un po' di feci e ho fatto il clistere di olio di girasole che mi sembra però di aver espulso in gran parte circa tre ore dopo. Questo clisterino è una complicazione di cui si può fare tranquillamente a meno...

Devo però ancora segnalare che quando sono uscito dalla seduta, mi sono trovato in uno stato estatico (non era successo le altre due volte), cantavo ed ero felice senza motivo e ho guidato senza rendermene conto in uno stato di beatitudine, ritrovandomi venticinque chilometri più avanti senza capire come ero arrivato lì.

Invece, a fine pomeriggio ho cominciato a sentire lievi "dolori" nella pancia, la sera non ho mangiato niente e quella notte non ho dormito molto bene.

L'indomani il mio equilibrio era completamente ristabilito.

Per varie settimane e mesi ho riscontrato una maggiore facilità a scaricare, l'assenza totale di emorroidi (che prima della seduta iniziale apparivano leggermente all'esterno), una maggiore pastosità regolare delle feci, la possibilità di scaricare più volte al giorno e quindi di sentirmi generalmente più vuoto e più "pulito".

L'esperienza di Martina (42 anni)

Durante un trattamento di riflessologia plantare, la terapista mi suggerì di fare un trattamento di idrocolonterapia che, secondo lei, avrebbe portato un grande beneficio al mio intestino e, soprattutto avrebbe eliminato totalmente un prurito vaginale che durava da mesi. Fissai un appuntamento con un medico-terapista di Milano.

Prima di recarmi all'appuntamento, su richiesta del medico feci tre giorni di dieta liquida e priva di fibre.

Quando arrivai, ero un po' tesa perché ignoravo totalmente come si sarebbe svolta la seduta, ma mi rilassai subito quando conobbi il dottore, che era molto gentile e affabile. Infatti, mi rese immediatamente partecipe con un'accurata spiegazione della procedura e potei così stendermi sul lettino e iniziare il lavaggio intestinale.

"Durante il lavaggio, fui molto sorpresa di vedere, in una vaschetta contenente residui, alcuni vermetti e soprattutto dei pezzetti di bario. Il dottore mi chiese se avessi fatto anni prima una radiografia dell'intestino ed era incredibile, perché in effetti mi ero sottoposta a una tale radiografia, ma più di venticinque anni prima, quando ero bambina e mi avevano fatto ingerire un miscuglio per verificare l'eventuale presenza di una gastrite. Quel solido era quindi rimasto bloccato nel mio intestino per tutto quel tempo!

Dopo tre quarti d'ora tutto finì senza che avessi provato alcuna sensazione spiacevole o dolorosa, se non un lieve mal di pancia in un punto che era stato premuto dal dottore.

Al momento di rivestirmi, ebbi l'impressione che qualcuno avesse sostituito i miei pantaloni, perché mi sarebbe stato necessario indossare una taglia in meno. Infatti, ero completamente senza pancia.

Avevo anche molta fame, però consumai un pranzo molto leggero, lentamente e masticando bene. Mi sentivo così leggera ed euforica che avevo paura di rovinare il lavoro del lavaggio andando a ingerire cibi non idonei. Masticavo molto lentamente.

Oggi, a distanza di due anni, ricordo spesso le sensazioni di quell'esperienza che prima o poi rifarò.

A proposito, dimenticavo quasi di dire che il giorno dopo l'idrocolonterapia scomparve completamente il prurito vaginale.

Esperienza di Gianni (42 anni)

Da diversi anni soffrivo di un funzionamento irregolare dell'intestino, che pensavo dovuto allo stress del lavoro e a un'alimentazione scorretta. Ho poi scoperto di avere un adenocarcinoma al retto, che mi è stato asportato chi-

rurgicamente. Ho iniziato la chemioterapia, che mi causava un'irritazione dell'intestino e uno stato continuo di diarrea. Durante le interruzioni del trattamento, invece, si manifestava una stitichezza, che inizialmente ho cercato di curare con l'alimentazione e medicine naturali, senza ottenere risultati soddisfacenti.

Quando poi ero quasi disperato perché riuscivo a liberare l'intestino soltanto con dei clisteri, mi è stato raccomandato di sottopormi a delle sedute di idrocolonterapia.

Fino a oggi ho effettuato tre sedute, distanziate di circa tre settimane l'una dall'altra, che ho sempre iniziato con un po' di tensione, ma che mi hanno dato dei grandi benefici. Ogni seduta è durata dai quaranta ai cinquanta minuti, durante i quali si alternavano l'entrata di acqua tiepida e l'uscita delle feci, aiutate dalla respirazione addominale e dal massaggio del terapeuta, la cui calma e gentilezza sono state molto importanti per rilassarmi.

Il terapeuta non mi ha dato spiegazioni o fatto commenti su quello che "producevo" e che passava nel tubo luminoso. Le sedute non sono spiacevoli né piacevoli, le considero come una cosa non troppo fastidiosa che deve essere fatta...

Durante l'ultima seduta, dopo aver completato la terapia ho scaricato ancora intensamente al bagno, eliminando feci nauseabonde, di un fetore mai sentito prima, contenenti probabilmente tossine e scorie chissà da quanto tempo accumulate nell'intestino.

Sono uscito dallo studio sentendomi leggero come mai mi ero sentito prima e questa sensazione sta perdurando dopo oltre due settimane...

Ringrazio la persona che mi ha consigliato questo trattamento.

Segnalo che Gianni è totalmente guarito e che la sua testimonianza risale al 2006.

Esperienza di un collega (60 anni)

Ho avuto la fortuna di partecipare a un tirocinio di formazione di "irrigazione del colon" organizzato in Francia (vedi www.avsformation.com). Durante queste giornate, ho avuto modo di dare e ricevere alcuni trattamenti.

Rispetto a tutte le mie esperienze precedenti e a quelle raccontate qui, il modo di procedere è diverso e, mi sembra, ugualmente o maggiormente efficace. La differenza risiede nel fatto che l'acqua viene introdotta con un flusso minimo, tale da richiedere circa 15 minuti per introdurre da 2 a 3 litri. In questo modo, l'intestino non reagisce all'entrata dell'acqua con una eventuale contrazione, ma si lascia delicatamente "annegare" nella sua totalità. Un dolce

massaggio contribuisce all'infiltrazione dell'acqua attraverso la massa fecale e le incrostazioni che verranno eliminate in notevole quantità all'apertura del rubinetto di evacuazione.
Questa operazione è chiamata "bagno". In una seduta svolta in questa maniera, i bagni saranno solamente due o tre. Durante uno dei trattamenti che ho ricevuto mi sono praticamente addormentato, tanto era dolce il tutto...
I risultati di evacuazione e disincrostazione ai quali ho potuto assistere sono stati notevoli e per me questo modo di procedere è stato una vera rivelazione.

Mi sembra chiaro che questo metodo "francese" sia molto valido. Ciò non toglie che in alcuni casi difficili la procedura abituale che consiste nell'introdurre acqua con un flusso maggiore per produrre una decina di evacuazioni in una seduta, sia necessaria e indispensabile; le eliminazioni che saranno così provocate saranno spesso accompagnate da scariche emozionali.

Esperienze negative

"Non mi è piaciuto il trattamento,... non è uscito niente,... ho provato fastidio,... mi ritrovo peggio di prima...".

Il maggior problema è la presenza di aria nel colon, che impedisce il passaggio dell'acqua e che, in presenza di maggior pressione, crea fastidio o un dolore similare al "male alla milza" che si può provare quando si corre.

Un altro problema è il senso di nausea dovuto a eventuali pressioni manuali del terapeuta sulla zona dello stomaco, quando il paziente ha mangiato meno di 3 ore prima del trattamento.

In questi casi conviene ripetere l'esperienza, presentandosi a digiuno e avendo avuto cura di evitare combinazioni alimentari che producono gas (acidi con amidi o verdure o frutta cruda mangiati contemporaneamente ad altri cibi). Infine, occorre sapere che la seconda o terza volta, l'esperienza è sempre più bella.

Altri metodi di pulizia

Ingerimento di prodotti naturali

Si può procedere in modo meno invasivo seguendo questo metodo (Ozovit, Markalact, Microflorana) che può essere adottato da persone che non soffrano di una grave insufficienza renale. Il trattamento dura 3 settimane. I prodotti si acquistano in farmacia:

OZOVIT (ditta Pascoe, 150 g di polvere), con posologia di due misurini diluiti in acqua due volte al dì, un'ora dopo i pasti. In caso di diarrea, diminuite la dose o sospendete momentaneamente. Durata di somministrazione: cinque giorni.
Nota: Ozovit può essere sostituito da piccole dosi di sale amaro. Questo trattamento elimina la flora patogena. Attenzione, perché in questi cinque giorni l'efficienza di alcuni farmaci (per esempio degli anticoncezionali) può essere diminuita.

MARKALAKT (ditta Pascoe, 300 g in polvere). Iniziate l'assunzione appena dopo aver preso per l'ultima volta l'Ozovit (cioè la sera del quinto giorno). Ingerite lentamente alla mattina prima di colazione e alla sera prima di coricarvi tre cucchiai da tè diluiti in 200 ml di acqua calda. Markalakt riduce spasmi e gas intestinali e crea un ambiente favorevole al rinforzamento della flora batterica sana.
Avvertenza per i diabetici: il prodotto contiene lattosio, *perciò può essere sostituito con il Basenpulver.*

MICROFLORANA (ditta Named, 150 ml di sciroppo). La prima settimana prendete due cucchiaini (2 x 5ml) al giorno lontano dai pasti, dalla seconda settimana quattro cucchiaini (10 minuti prima di ogni pasto e prima di coricarsi). Questo prodotto contiene bacilli e vitamine, ricostruisce la flora intestinale ed elimina le tossine. Si comincia l'assunzione dopo il primo giorno di Ozovit, cioè il secondo giorno del trattamento. Nei primi tre giorni possono manifestarsi gas intestinale o contrazioni dovute all'eliminazione delle tossine. Conservate il prodotto in frigorifero.
Nota: ci sono numerosi altri prodotti utili per ristabilire la flora intestinale, tra cui Nutriflora (confetti della ditta Finestra sul Cielo), ma mi risulta che nessuno associ i bacilli alle vitamine, come fa invece il Microflorana. Durante il trattamento, evitate i cibi pesanti (grassi animali, verdure crude dure, bevande ghiacciate ecc.).

Acqua tiepida ed ESP

Si ottengono risultati molto validi seguendo questa procedura: al risveglio bevete un bicchiere (150 ml) di acqua calda-tiepida, nella quale è stato sciolto un terzo di cucchiaino di sale marino integrale (da 3 a 5 gr) e sono state diluite cinque gocce di ESP (Estratto di Semi di Pompelmo).

Dopo aver bevuto, aspettate almeno trenta minuti prima di fare colazione. Per esempio, prima bevete e dopo fate le pulizie o la ginnastica del mattino. Evitate di ingerire latticini a colazione. Durante il giorno, ogni volta che bevete acqua aggiungete nel bicchiere cinque gocce di ESP. Se non si riesce a trovare ESP in tintura, al posto di 5 gocce si può prenderne una capsula o una tavoletta, a seconda di quello che si trova in commercio.

Seguite queste indicazioni per sette giorni consecutivi. Osservate che alcuni estratti di ESP si sciolgono difficilmente nell'acqua e si depositano sul fondo del bicchiere. Occorre quindi dare una mescolata con un cucchiaio. Noterete subito un maggior benessere generale e un miglior funzionamento dell'intestino.

Questa procedura sarà ulteriormente migliorata se per colazione prenderete del riso integrale crudo nel seguente modo: riempite un bicchiere per circa due centimetri di altezza di riso integrale crudo (90 gr). Versatene un "sorso" in bocca e tenetelo finché, inumidendosi con la saliva, si ammorbidisce un po', poi cominciate a masticarlo e continuate fino a renderlo liquido, come latte di riso in bocca, infine ingoiatelo. Ricominciate con un altro "sorso" di riso, fino a terminare tutto il bicchiere. Saranno necessari circa tre quarti d'ora.

Per rendere l'operazione più facile, se dovete recarvi al lavoro in macchina, potete mettere la quantità di riso necessaria in un barattolino e "mangiarlo" strada facendo. Oppure nello stesso posto di lavoro potete mangiare il riso: sembrerà che abbiate in bocca una gomma da masticare! Poi, finita la "colazione di riso crudo", non toccate più alcun cibo fino al pranzo. Questo riso crudo possiede proprietà vermifughe straordinarie e sarete sorpresi di osservare che costituisce anche una colazione nutriente e piacevole...

Metodo Colonix o similari

Confesso di non aver alcuna esperienza personale dei prodotti Colonix o similari. Dopo aver ricevuto delle segnalazioni spontanee favorevoli, ho chiesto ad alcuni amici e amiche di provare questo metodo e lo hanno valutato utile ed efficace. Ne hanno tratto un netto miglioramento della salute sia generale che intestinale. In partenza, alcuni di loro si sono lamentati del costo del trattamento ma poi, visti i risultati e il costo inferiore a 2 trattamenti di idrocolonterapia, hanno valutato di aver fatto un buon investimento. Con piacere, riporto qui la testimonianza di un'amica che ha utilizzato il metodo.

La cura base del Colonix dura poco più di un mese. Ho riscontrato presto una abbondante diuresi, mi sono sgonfiata tantissimo, gas e flatulenze sono spariti, le scariche, prima un poco fastidiose e dolorose, sono diventate indolori, la peristalsi intestinale è diventata regolare ed equilibrata. Ho ripetuto il trattamento, arrivando a un totale di quasi tre mesi. Ora mi sento con un intestino rinnovato, anche se non ho eliminato nulla che a occhio nudo potesse sembrare "straordinario" (tipo vermi o "serpenti"). Spero che il mio intestino continuerà a funzionare regolarmente. Per ora sento che questo prodotto di Dr. Natura mi ha notevolmente aumento la carica vitale.

Ecco la testimonianza di un'altra persona:

Ho sempre avuto difficoltà intestinali: evacuazioni difficili e irregolari. Ho assunto una confezione del prodotto. Durante tutto quel periodo, il mio intestino ha funzionato veramente bene. Però, quando ho terminato l'assunzione, sono tornata quasi allo stato precedente: l'evacuazione è diventata più facile, ma non ho mantenuto la regolarità. Forse avrei dovuto usare anche il prodotto antiparassitario Toxinout o prolungare il trattamento.

Metodo dello Yoga

Questo metodo è molto efficace, veloce, a costo zero. Richiede solo una dose di consapevolezza e di volontà. Sarà più efficace se preceduto da una dieta liquida (succhi di verdure o di frutta per 2 giorni).

Preparate tre litri di acqua salata. Usate acqua senza cloro (filtrata, minerale o bollita) e aggiungete sale marino integrale nella quantità da 10 a 15 g/litro (un cucchiaino da caffè colmo). Otterrete acqua con un sapore leggermente salato. Cominciate a bere l'acqua a sorsi, con un bicchiere. Bevete con frequenza ininterrotta, ma non inghiottendo bicchieri interi "al colpo".

La procedura consiste nel bere i tre litri in un tempo tra due ore e mezza e tre ore. Non abbiate paura di questa assunzione eccessiva di sale. Il corpo non lo assorbe: il trucco consiste nel fatto che l'intestino reagisce all'acqua "troppo" salata, chiudendosi e facendo in modo di espellerla rapidamente attraverso tutte le vie intestinali e quindi tenue, colon, retto e ano. In tale modo provoca una specie di diarrea che consente di eliminare dall'intestino ogni residuo solido, ripulendolo completamente.

Alcuni lettori si sono lamentati del mancato funzionamento di questa pulizia. Questo può essere dovuto al fatto che permangono sacche di aria nell'intestino e ciò impedisce l'effetto sifone. In realtà, gli insegnamenti yoga consigliano di abbinare questa pratica ad alcune posture o esercizi di yoga specifici. Nel nostro caso è sufficiente, dopo ognuna delle prime tre mezz'ore, cioè dopo 30, 60 e 90 minuti, eseguire 2 o 3 volte i vari esercizi o posture illustrati in questo libro (pag. 78: rimanere sui gomiti 30 secondi; pag. 98: 3 volte; pag. 123: 3 volte; pag. 133: 2 volte; pag. 126: 3 volte; pag. 145: 1 volta, se riuscite a farlo).

Se il "metodo yoga" è eseguito in concatenamento con la pulizia del fegato, il risultato è immediato. Per fare questo, al momento di bere la quarta dose di sale amaro, iniziare a bere grandi quantità di acqua salata, massaggiandosi la pancia e assumendo posizioni yoga. Essendo l'intestino già totalmente sgombro, l'avviamento dell'effetto sifone è velocissimo (15-30 minuti) e la pulizia dell'intestino si esegue rapidamente: dopo meno di 90 minuti, l'acqua che si beve esce subito dall'ano, pulita. Se non ci credete, provate a bere assieme all'acqua un sorso di succo di barbabietola rossa e misurate il tempo tra l'ingerimento e l'espulsione di acqua rossa…

Occorre segnalare che il "metodo yoga" ha anche il grande vantaggio, rispetto a tutti gli altri metodi, di eseguire anche la pulizia dell'intestino tenue! La procedura deve durare fintanto che non espellerete acqua totalmente pura e limpida, cioè fino a quando "l'acqua che entra è quella che esce". Questo avviene generalmente dopo circa 2 ore e nel 99% dei casi prima di completare le 3 ore. Giunti a tal punto, avete ripulito completamente l'intestino, non avete intaccato la flora batterica in nessun modo, i parassiti sono scappati via (si sono lasciati espellere) perché non sopportano un ambiente troppo salino. I tessuti con carenza di minerali hanno preso dall'acqua salata quello di cui avevano bisogno… Avete un intestino rinnovato. Riprendete a mangiare un po' alla volta con, all'inizio, essenzialmente riso in bianco e verdure scottate. Potete abbinare questa pulizia all'ingerimento, alla fine, di ½ litro di acqua "argillata". Cioè diluite argilla verde (se trovate bentonite, è ancora meglio) in mezzo litro d'acqua, mescolate bene, lasciate riposare e sedimentare e poi bevete l'acqua (non la parte sedimentosa). Quest'acqua ha la proprietà di aderire alle eventuali incrostazioni rimanenti nell'intestino, obbligando meccanicamente queste a distaccarsi dalle pareti e ad essere eliminate. Con questa "bibita" supplementare, la pulizia sarà ancora più totale.

Nota: nel caso di concatenamento tra pulizia del fegato e metodo yoga, se ci si sente troppo basso di energia, conviene assumere uno o più cucchiai di miele o una tazzina di caffè tra le due procedure.

Clistere

Si tratta di una pratica utilissima in tutte le patologie, dalle più banali alle più gravi, in quanto depura l'organismo accelerando i tempi di eliminazione delle sostanze tossiche. Con questa pratica, il nostro corpo risparmia grandi quantità di energia che può dedicare all'autoguarigione.

Per un litro d'acqua usate la dose di 20-30 g di sale marino integrale (non sale raffinato, non sale marino iodato, ma sale marino integrale, di preferenza acquistato in erboristeria o in un negozio di alimentazione biologica. Il sale da cucina è squilibrato e quindi nocivo; vedi *Consigli di benessere alimentare* e opere di R. Quinton, in Bibliografia). Sciogliete il sale in un infuso di camomilla. Potete aggiungere un cucchiaio da minestra di miele e uno di olio di oliva (la camomilla e l'olio d'oliva non sono indispensabili, il miele è molto consigliato, purché sia un miele di buona qualità). Dato che uno degli ingredienti è il sale marino integrale, questa procedura consente anche all'organismo, tramite le pareti del colon discendente, di scegliere i minerali di cui ha bisogno.

Da un punto di vista pratico, l'ideale è il dispositivo per clisteri con "vaschetta" che si attacca in alto e che permette al liquido di scendere per effetto della forza di gravità. In alternativa, usate una peretta, avendo cura di procedere con delicatezza. La posizione ideale di introduzione della sonda è quella della figura a p.77; in alternativa ci si può sdraiare sul fianco sinistro. Eseguite due o tre clisteri successivi. Generalmente il primo viene presto rigettato dal corpo. Cercate di tenerlo in pancia per almeno un quarto d'ora, coricandovi poi anche sul lato destro e sulla pancia. Se lo stimolo a scaricare non è immediato, approfittatene per fare movimenti muscolari con la pancia (tipo danza del ventre), o per massaggiarvi la zona del colon (cioè il perimetro della pancia in senso antiorario) per far risalire il liquido attraverso la massa fecale. La temperatura del clistere dev'essere quella corporea (circa 36 gradi, cioè non troppo alta né troppo bassa).

Se il clistere è troppo salato, lo stimolo di rigetto potrebbe essere immediato. Questo può essere utile per provocare la defecazione in caso di blocchi intestinali o di forte costipazione. In questo caso, fate un primo clistere ad alto dosaggio (50 g di sale per litro), un secondo a dosaggio medio (30 g per litro) e un terzo a dosaggio fisiologico (10 g per litro). La frequenza, nelle patologie gravi, è di due clisteri al giorno, meglio a digiuno o due-tre ore dopo i pasti, terminando almeno mezz'ora prima dei pasti. Nel caso in cui desideriate fare clisteri per l'igiene intestinale, cominciate con un clistere al giorno per tre giorni di seguito, proseguite con due clisteri alla distanza di tre giorni e passate poi a una frequenza settimanale o all'applicazione ogni volta che ne sentite il bisogno.

Un modo comodo per fare un singolo clistere è quello di abbinarlo al bagno salato (vedi pagina 90): mentre vi state godendo il vostro bagno, riempite la peretta direttamente con l'acqua della vasca e fate il clistere che tratterrete in pancia per tutta la durata del bagno. Potete anche approfittarne per massaggiarvi la pancia, in modo da far circolare il più possibile l'acqua del clistere nel colon. Alla fine del bagno, quando siete di nuovo in piedi, se sentite lo stimolo, scaricate il clistere, altrimenti aspettate di avvertire la necessità di defecare. Può succedere che l'acqua del clistere venga assorbita dal corpo. Non preoccupatevi, fidatevi del vostro corpo, sa quel che fa. Forse soffrivate di una carenza di liquidi…

Applicando la procedura del colema (vedi *Intestino libero*, in Bibliografia), si può eseguire un clistere di lunga durata, che ha effetti simili a quelli della idrocolonterapia, con il vantaggio che può essere fatto a casa propria e quindi a costo zero. In questo caso, non è necessario procurarsi l'attrezzatura indicata da Jensen. Lo si può eseguire sdraiandosi su un materassino gonfiabile da spiaggia, che sarà stato posizionato all'interno di una vasca da bagno (vuota e con lo scarico aperto).

Nota: parecchie persone ritengono di aver fatto una "idrocolonterapia" con il lavaggio che precede una eventuale "colonscopia". Faccio notare che per ora il lavaggio che precede la colonscopia consiste in un semplice clistere, senza sale o altri prodotti utili, con tempi troppo veloci, senza preparazione alimentare. In poche parole, consiste solamente in uno svuotamento dalle feci. Sarebbe favoloso che la medicina ufficiale approfittasse dell'occasione per eseguire una idrocolonterapia, ma per ora questo non succede...

Clistere-Lavaggio (enteroclisma)

Questo metodo corrisponde a quello che si intende generalmente quando si parla di "clistere" nell'ambito delle medicine alternative. Occorre acquistare in farmacia un "kit" costituito da una vaschetta (secchio flessibile), un tubo lungo circa 2 metri munito di rubinetto e due sonde. Si utilizza la sonda piccola. Quella lunga serve per lavaggi vaginali. Si procede generalmente nella stanza da bagno, sistemandosi nella vasca o sul pavimento. La vaschetta dovrà essere appesa in alto, almeno un metro e mezzo più in alto del livello dell'ano. Se necessario, predisporre un gancio. Per la composizione del liquido e alcuni dettagli, leggere, se non lo avete già fatto, quanto riportato in precedenza alla voce "clistere".

Procedura: preparare la vaschetta, predisposta con il tubo e la sonda. Il rubinetto è stato chiuso dopo aver lasciato uscire l'aria dal tubo. Versare nella vaschetta il liquido a temperatura corporea. L'estremità della sonda è stata oliata o imburrata. Sistemarsi a gattoni con i gomiti a contatto col pavimento.

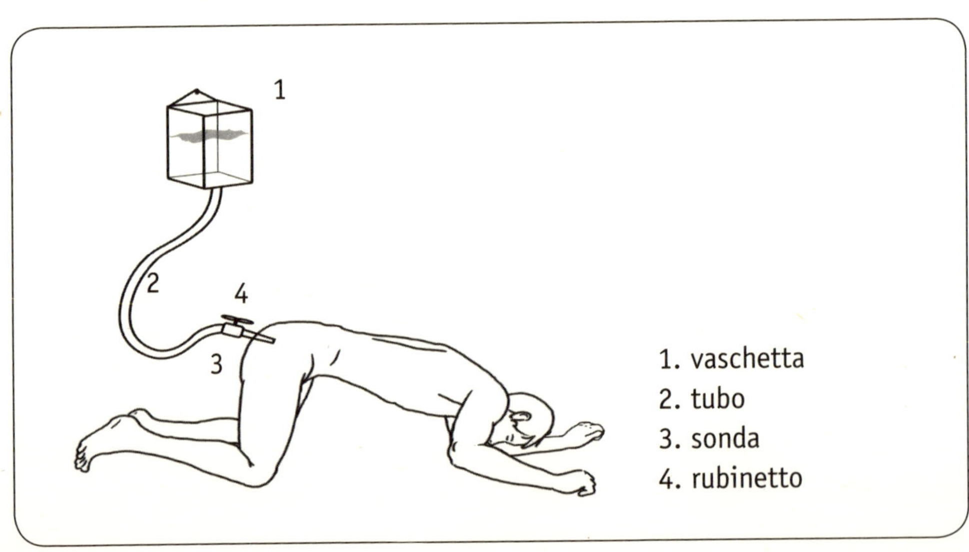

Inserire la sonda nell'ano e aprire il rubinetto (vedi disegno). Lasciare che il liquido scenda nella pancia, cioè nell'intestino crasso: dapprima nel retto, poi nel sigmoide, nel colon discendente e traverso. In genere è questione di alcuni minuti. Quando il deflusso dell'acqua è terminato, comportarsi come indicato sotto il titolo "clistere" per quanto riguarda il massaggiarsi la pancia, il tempo entro il quale si scarica ecc. Per una buona pulizia dell'intestino, occorre ripetere in modo consecutivo (due o tre volte) il clistere-lavaggio, finché l'acqua che viene espulsa dal corpo non risulta chiara e limpida.

Con il caffè: Le persone che mancano di energia o che hanno tendenza alla depressione possono utilizzare il caffè. Preparare l'acqua salata aggiungendo ½ litro di caffè preparato nel seguente modo: in ½ litro d'acqua mettere 3 cucchiai da minestra di polvere di caffè. Portare a ebollizione. Fare bollire per 3 minuti, poi lasciare in infusione per 15 minuti. Filtrare con un colino o un filtro di carta. Mescolare con il resto dell'acqua che verrà messa nella vaschetta. Oltre ad essere tonificante, il caffè agisce come disincrostante dell'intestino e ripulitore del sistema biliare.

Nota: nel caso di patologie gravi, è utile applicare il metodo Gerson che prevede di eseguire ogni 4 ore (giorno e notte!) un clistere di solo caffè, abbinando la cura ad una alimentazione costituita essenzialmente da frutta e verdura. Avendo il caffè un notevole effetto analgesico, i dolori scompaiono e l'intestino ritrova un normale funzionamento (cercare in Internet "metodo Gerson").

Sistemi casalinghi venduti come "idrocolonterapia"

Esistono dei piccoli apparecchi casalinghi venduti per importi contenuti (BioFluff o MyPerfectColon) da collegare al rubinetto del lavandino del bagno o alle tubature del bidè.

Questi sistemi sono molto efficaci per svuotare l'ampolla rettale e per ridare gioia di vivere e benessere a persone che soffrono spesso di stitichezza. Sono abbastanza facili da installare e da usare.

Deve però essere chiaro che non si tratta assolutamente di una idrocolonterapia, ma solamente dello svuotamento della parte finale del colon discendente. Le incrostazioni del colon non verranno rimosse e il colon non verrà ripulito con questi sistemi, che comunque possono essere un valido ausilio per parecchie persone.

Osservazione sulla pulizia dell'intestino

È stato osservato, anche nel caso di digiuni abbinati a idrocolonterapie, che anche dopo dieci o quindici giorni il colon scaricasse materiale denso e apparentemente frutto di incrostazioni. Questo dimostra come il nostro colon possa trovarsi in situazioni di intasamento più o meno impegnative che ne influenzano il buon funzionamento.

Regolarizzazione dell'apparato digerente

Premettendo che un intestino pulito non dovrebbe avere problemi di regolarità, l'esperienza mostra che l'assunzione di enzimi contribuisce a mantenere questo buon funzionamento. Gli enzimi si trovano in tutti i cibi crudi giacché vengono distrutti a temperature superiori a 45°C. Si possono prendere integratori di enzimi (di origine vegetale e in capsule), oppure lo sciroppo Regulat (in farmacia o in alcune erboristerie), costituito da "enzimi attivati", che ha dato massima soddisfazione a tante persone che conosco e di cui un farmacista mi ha confidato sottovoce "è un prodotto straordinario, meglio di tanti farmaci".

Malassorbimento

Ripeto quanto già affermato in altri miei libri. Quando l'intestino non è libero da incrostazioni, quando ha grandi deformazioni, quando ha perso la sua elasticità, i cibi vengono assorbiti male, si producono tossine, si possono registrare situazioni nelle quali è stato perso il controllo del sistema digerente: non si riesce a stare bene, non si riesce a perdere peso o non si riesce a prendere peso...

Pulizia degli occhi

Con soluzione salina

Preparate una soluzione salina come segue: acqua senza cloro (minerale o filtrata) nella quale aggiungerete sale marino integrale oceanico (disponibile in erboristeria o nei negozi di alimentazione biologica) nella quantità di 15 g per litro (per ottenere una soluzione un po' meno salata di quella del mare). Lasciate che il sale si sciolga, poi passate la soluzione in un filtro di carta (di quelli utilizzati per filtrare il caffè), oppure in un foglio di carta assorbente posto su un colino. Versate quest'acqua salata in una bottiglia, che utilizzerete per riempire una bottiglietta con contagocce. Conservate la bottiglia grande in frigo o almeno al riparo dalla luce.

Sdraiatevi supini e mettete due o tre gocce di soluzione in ogni occhio. Tenete gli occhi chiusi ed eseguite delle rotazioni del bulbo oculare sotto le palpebre, immaginando di dover guardare il perimetro di un grande cerchio.

Fate queste rotazioni lentamente. Eseguite anche degli 8 (come se seguiste con lo sguardo il tracciato di un grande 8). Se potete, fate in modo che lo sguardo risalga sull'incrocio dell'8 sul naso (vedi figura).

Eseguendo questi movimenti sentirete che si liberano particelle di polvere, che disturbavano la vista o irritavano gli occhi. Se fate questo esercizio la sera, prima di addormentarvi, vi sveglierete al mattino con tutta la polvere depositata in crosticine agli angoli degli occhi e vi sembrerà di avere occhi nuovi.

Un accorgimento utile è quello di tenere in mano o in tasca per alcuni minuti la bottiglietta contagocce prima di utilizzarla. In questo modo, la soluzione salina potrà raggiungere la temperatura corporea. Nei mesi invernali, la temperatura ambiente è così fredda, che le gocce provocano un piccolo shock termico all'iride.

Con la cipolla

Tagliate una fettina di una cipolla fresca. Strofinate questa cipolla nella parte inferiore centrale del palmo delle mani e poi le mani l'una contro l'altra, mentre schiacciano la fettina di cipolla.

Poi mettete le mani nella posizione di palming (vedi sotto) sugli occhi, tenete gli occhi aperti e rimanete circa mezzo minuto in questa posizione. Gli occhi cominceranno a lacrimare.

Chiudeteli e tracciate delle O, o degli 8 (vedi figura).

Immediatamente sentirete che gli occhi si puliscono e che le lacrime trascinano via ogni impurità presente.

Quest'operazione richiede meno di un minuto, al termine del quale gli occhi saranno puliti!

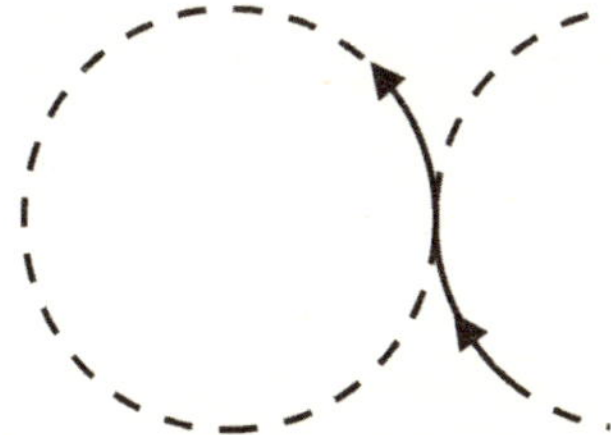

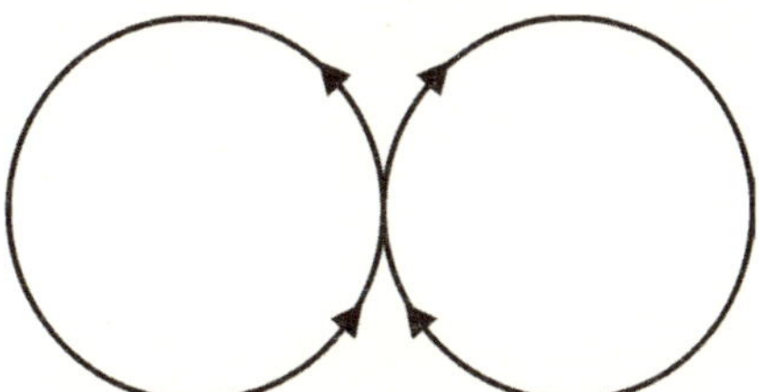

Con il palming

Il palming è una posizione che consiste nell'appoggiare la testa sul palmo delle mani incrociando le dita di queste sulla fronte, in modo tale che le mani coprano gli occhi, ma lascino libero il naso.

Le mani poggiano sugli zigomi e sull'arcata sopracciliare. Prima di appoggiarsi sulle mani, è molto utile strofinarle vigorosamente l'una contro l'altra, fino a generare un grande calore sui palmi.

In questa posizione le palpebre degli occhi non sono schiacciate (anzi sono libere) e ricevono un calore benefico. Ciò permette agli occhi di rigenerarsi e di riposarsi.

Non si tratta quindi di una vera pulizia, ma di un rilassamento che si può eseguire per esempio dopo alcune ore di lavoro minuzioso o dopo aver guardato a lungo lo schermo del computer.

Questa stessa posizione delle mani viene usata per la pulizia con la cipolla.

Segnalo il fatto che il palming è uno degli esercizi consigliati nel metodo Bates per il recupero della vista senza occhiali (vedi *Vedere bene senza occhiali*, in Bibliografia), in associazione agli occhiali a buchetti (raster-brille, vedi *Preferisco vedere chiaro*, in Bibliografia) e ad altri esercizi (provare per credere!).

Con coppa lava-occhio

In farmacia si vendono piccoli recipienti aventi una forma che si adatta ermeticamente al globo oculare, un po' come gli occhialetti da piscina. Il lavaggio può essere eseguito con questi, riempiendoli con soluzione salina.

Si porta la testa alternativamente in alto (e indietro) e in basso (in avanti), muovendo l'occhio, per liberare eventuali residui e farli entrare nella soluzione salina.

Nota importante: Se sentite la presenza di una impurità o corpo estraneo nell'occhio e nessuno di questi metodi ha risolto il problema, siate umili, rivolgetevi al pronto soccorso. In un attimo vi toglieranno questo residuo (spina, pietrina, scheggia metallica...)

Pulizia del naso

Con acqua tiepida

La mattina, appena alzati, fate scorrere acqua tiepida dal rubinetto, mettete la mano destra a conca e riempitela di acqua, poi avvicinando la narice sinistra, aspirate dal naso l'acqua. Ripetete due o tre volte e procedete in modo simmetrico con la mano sinistra e la narice destra.

In alcune erboristerie potete trovare delle "bottigliette" con beccuccio (chiamate "lota") ideate proprio per il lavaggio del naso (vedi disegno).

Possono essere riempite con soluzione salina (vedi sopra, la pulizia degli occhi). In questo caso, mentre il pollice della mano sinistra tappa la narice sinistra, si versa e si aspira il liquido nella narice destra usando la mano destra; poi si ripete l'operazione dall'altra parte.

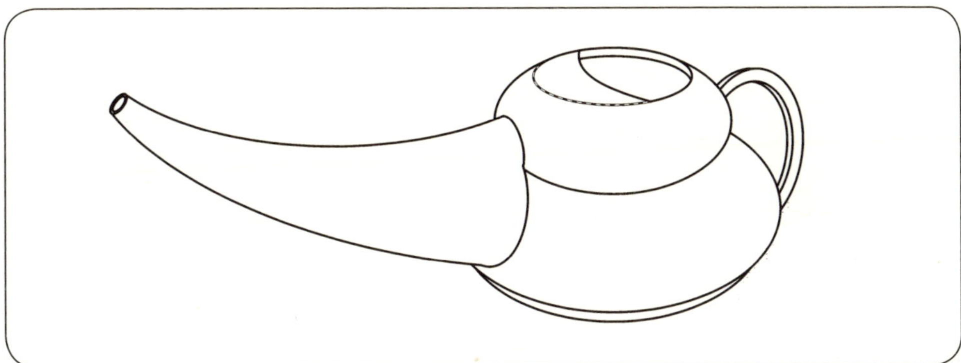

Con soluzione salina

Sdraiati sulla schiena e usando il contagocce riempito di soluzione salina, svuotate un intero contagocce di soluzione salina in ciascuna narice, lasciate che scenda nel naso e poi aspiratela, inalando aria dal naso (oppure usate il metodo della bottiglietta indicato sopra). Sentirete il gusto del sale in gola.

Pulizia delle orecchie

Attenzione: pulire le orecchie è un'operazione molto delicata.

L'orecchio è costituito da tessuti delicati e già a poca distanza dall'esterno si trova il timpano che può essere facilmente leso. Evitate di usare i bastoncini di cotone e, se proprio li volete adoperare, scegliete solo quelli di buona qualità; infatti:

- inserendo troppo avanti il bastoncino, potreste ledere il timpano
- se adoperate bastoncini di scarsa qualità, fibre di cotone o anche tutto il batuffolo potrebbero staccarsi e rimanere nell'orecchio, costringendovi a ricorrere all'intervento di un medico
- un bastoncino di qualità si riconosce dalla compattezza del batuffolo di cotone e dal fatto che risulta quasi impossibile staccare o sfaldare il cotone dal bastoncino. Potete usare questi bastoncini per pulire le pareti del primo centimetro del foro auricolare.
- non usate la stessa estremità per entrambe le orecchie.

Lo strato di cerume sulle pareti del condotto auricolare serve per proteggere la pelle e fermare le impurità. Un uso troppo frequente di bastoncini irrita la pelle, rende l'orecchio più vulnerabile e ha tendenza a spingere verso il timpano del cerume che potrebbe diventare un tappo che dovrà essere rimosso da un medico.

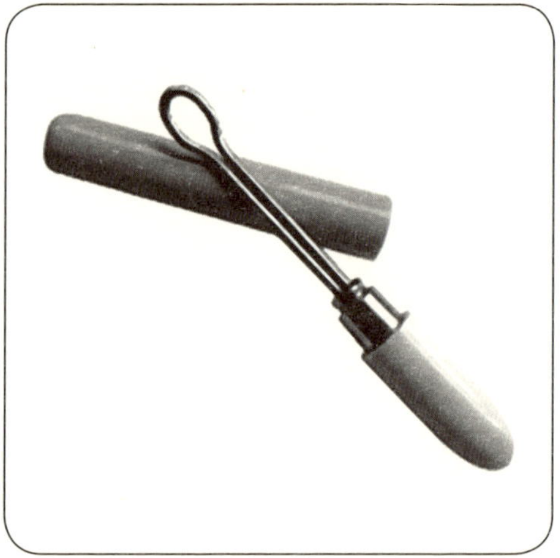

Per questi motivi è preferibile utilizzare un cura-orecchio (strumento metallico ad ansa, vedi foto).

L'orecchio potrebbe anche darvi fastidio solo perché è irritato (per esempio per un'otite). In questo caso non è assolutamente consigliato intervenire per pulirlo.

Con boro salicilico

Questo metodo è indicato soprattutto in caso di prurito interno, mi è stato raccomandato da una parente che è medico condotto. Il prodotto si acquista in farmacia e ha la proprietà di sciogliere i residui secchi. In farmacia non ho trovato boro salicilico in soluzione pronta, occorre farselo preparare (secondo queste proporzioni: in un litro di acqua distillata vanno aggiunti 30 g di acido borico in polvere e 1,5 g di acido salicilico in polvere). Ho trovato invece acido borico in soluzione pronta, destinato proprio al lavaggio delle orecchie.

L'operazione di pulizia viene eseguita da un medico che fa uso di una siringa senza ago per introdurre la soluzione e che, dopo aver lasciato agire la soluzione per un breve tempo, vi assisterà dandovi le indicazioni sui movimenti necessari per svuotare l'orecchio.

Potete eseguire l'operazione da voi, in modo meno efficace, usando una normale pipetta contagocce o meglio una peretta speciale acquistata in farmacia.

Sdraiatevi a letto, di fianco, la testa sul cuscino e svuotate nell'orecchio libero l'intero contagocce. Poi prendete tra le dita il padiglione auricolare e muovetelo, scuotetelo, finché sentite che la soluzione è scesa in profondità nell'orecchio. Avendo avuto cura di porre sul cuscino un foglio di carta assorbente, potete poi girarvi sull'altro fianco e lasciare che l'orecchio si svuoti... Questo lavaggio non è tanto piacevole; personalmente, dopo aver introdotto (e poi svuotato) il liquido nell'orecchio, ho avvertito un senso di nausea che è durato un paio d'ore. Inoltre, quando il liquido era nell'orecchio, dopo pochi secondi ho avuto la sensazione che succedesse qualcosa all'interno, in profondità, quasi "nel cervello"... e quindi mi sono girato subito dall'altra parte per svuotare l'orecchio...

Però, pochi minuti dopo ho sentito il suono di un lontano campanello che prima non riuscivo a percepire. Questa sensazione di miglioramento dell'udito continua.

Alcuni terapeuti ritengono che l'acido borico della soluzione sia troppo "invasivo" per i delicati tessuti dell'orecchio. Va considerato che la diluizione è molto bassa (molto meno dell'aceto) che non rimane per lunghi periodi nell'orecchio e che si usa eccezionalmente. Nel caso di orecchi infiammati o doloranti è comunque meglio agire con la soluzione salina descritta più avanti.

Con i due metodi che seguono, non ho mai avuto questi disturbi legati all'"azione in profondità", ma nemmeno effetti evidenti sulla qualità dell'udito... Quindi, suppongo che le differenze siano dovute alla natura del prodotto.

Con coni di cera

Anche se personalmente nutro dubbi sulla reale efficacia di questo metodo, le persone che lo applicano sono soddisfatte e la mia parente medico mi assicura che esaminando l'orecchio dei suoi pazienti prima e dopo questo trattamento, osserva una notevole differenza.

Questi coni sono disponibili in erboristeria.

Il "paziente" pone la testa appoggiata su un orecchio. Si lavora sull'orecchio libero, per ripulirlo dal cerume. Quindi si infila nell'orecchio la punta di un cono di cera. Seguendo le istruzioni fornite nella confezione, *facendo attenzione a non incendiare i capelli del paziente* si accende l'estremità larga e aperta del cono.

Bruciando, il cono genera un calore che scioglie il cerume dell'orecchio e inoltre, la forma conica crea un vuoto che, grazie alla forza ascendente del calore, risucchia il cerume fuori dall'orecchio.

A fine operazione, si trova nel fondo del cono un deposito, che per i sostenitori del metodo è proprio cerume aspirato o bruciacchiato.

A titolo di verifica, ho acceso un cono la cui punta era immersa in una provetta riempita d'acqua e ho osservato che in effetti si crea una depressione.

Inoltre, non ho trovato alcun deposito nel fondo del cono, questo confermerebbe la validità del metodo: il cono aspira il cerume che si deposita nel fondo...

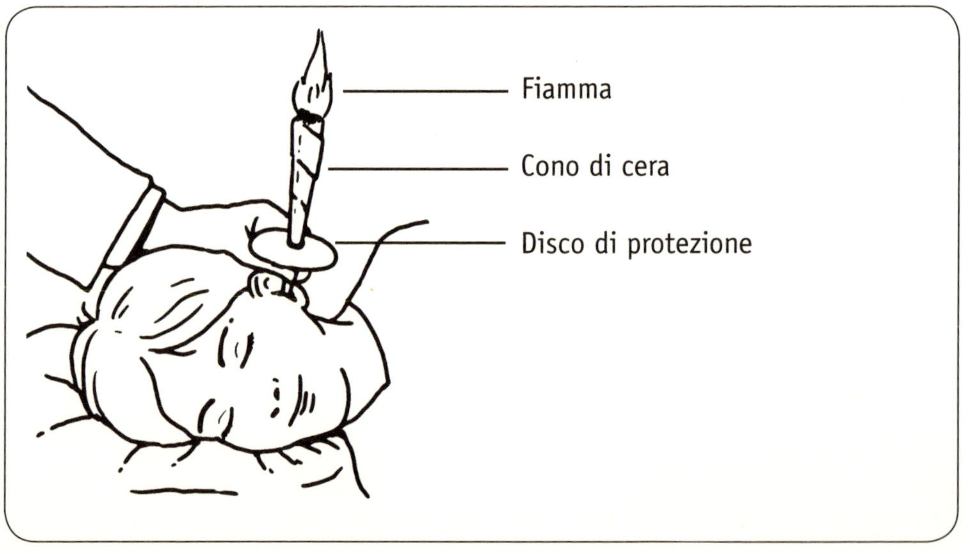

Con soluzione salina

Questo metodo non pulisce l'orecchio dal cerume, ma aiuta i processi di guarigione e permette di asportare alcune impurità (per esempio la polvere). Lo si può applicare proficuamente anche in caso di otite o di sordità.

Si procede come indicato nel metodo del boro salicilico (vedi sopra), sostituendo quel prodotto con soluzione salina (vedi pagina 79). Con questa soluzione non ho sperimentato fastidi o disturbi.

Se, a operazione ultimata, rimane acqua nell'orecchio, un trucco per farla uscire consiste nel saltellare sul piede opposto all'orecchio da svuotare, mentre si mantiene la testa inclinata per svuotare l'orecchio. Le scosse del movimento e la posizione assunta provocano lo svuotamento dell'orecchio.

Nota: si può usare la tecnica del saltellamento per svuotare l'orecchio dopo essere stati in piscina.

In caso di dolore all'orecchio dovuto a infiammazione

Inserire nell'orecchio un tappo di cotone imbevuto di succo d'aglio e succo di zenzero (strizzare questi vegetali tritati, o usare una goccia di oli essenziali). In pochi minuti vedrete il dolore diminuire.

Pulizia dell'alito

Osservazioni preliminari

Sono personalmente molto sensibile all'alito degli altri, ne percepisco l'odore a distanza, e ho notato che le persone che hanno un eccellente stato di salute hanno un alito gradevole, invitante, mentre le persone molto malate hanno un alito "da fogna". Mi ricordo di una persona che era solare e in perfetta salute, un mio collega mi disse che quando questa persona entrava nel suo studio era come se tutta la stanza si riempisse di profumo.

È impossibile rendersi conto dell'odore del proprio alito, perché mentre si inspira dal naso per sentire gli odori, non si può contemporaneamente espirare con la bocca. Inoltre, visto che quasi nessuno troverà il coraggio di dirvi che il vostro alito puzza (a meno che non si tratti di odore di aglio...), chiedete ogni tanto a persone di fiducia di verificare il vostro alito o di avvertirvi se questo puzza. Si può scoprire se il proprio alito è molto puzzolente, annusando un fazzoletto nuovo o appena lavato nel quale avrete soffiato per mezzo minuto. Occorre osservare se l'alito è cattivo sempre oppure soltanto quando si digiuna o si è in attesa di mangiare.

Nel primo caso (sempre cattivo), i problemi d'alito possono essere dovuti a una cattiva igiene orale. Quindi, i consigli che seguono dovrebbero essere sufficienti a risolvere la situazione. Se il problema persiste, forse avete colonie di batteri sulla lingua.

Quando vi lavate i denti, usate lo spazzolino anche sulla lingua, sciacquandovi poi bene la bocca con uno dei liquidi indicati sotto. La causa di un cattivo alito può essere anche una carie non ermetica sotto la quale c'è un focolaio di infiammazione; diventa opportuno, quindi, farsi controllare la bocca da un dentista. Ci possono essere anche problemi di muco proveniente dalle cavità nasali, perciò è bene effettuare la pulizia del naso. Se il problema permane e l'alito è "fetente", significa che lo stato di salute generale è seriamente compromesso ed è urgente eseguire al più presto tutte le pulizie previste nel libro.

Nel secondo caso (quando si digiuna), questo disagio può essere legato a un tipo di cibo che faticate a digerire o a problemi di equilibrio acido-basico del tratto gastro-intestinale o a intasamenti dell'intestino (vedi pulizia dell'intestino), oppure ad aria nei polmoni "inquinata" da fumo o alcool (vedi pulizia dei polmoni).

Con acqua ossigenata

Comperate in farmacia acqua ossigenata (quella usata per disinfettare le ferite). Dopo esservi lavati i denti, prendetene in bocca un sorso e, muovendo le guance, fate circolare l'acqua tra i denti. Le prime volte ripetete l'operazione tre volte in un'ora, cioè ogni venti minuti, per uccidere gli eventuali parassiti e impedire loro di riprodursi. Alla fine dell'operazione, sputate l'acqua ossigenata.

Se l'alito continua a essere cattivo, sottoponetevi a un controllo dentistico o fate la pulizia degli organi.

Non c'è motivo di aver paura di mettere in bocca acqua ossigenata: si tratta solo di acqua con una più elevata concentrazione di ossigeno!

Con il sale

Fate sciacqui con un sorso di soluzione salina e prendete l'abitudine di lavarvi i denti usando sale marino fine invece che dentifricio.

Si procede così: inumidite lo spazzolino con acqua e intingetene la punta in un barattolo contenente sale marino integrale. Quando avete finito, ingoiate la saliva salata: sarà un utile apporto di sale marino integrale.

Con acetato di zinco

Una fonte svedese autorevole riporta che, usando come collutorio (liquido da risciacquo della bocca) una soluzione all'1% di acetato di zinco, che potete far preparare dal vostro farmacista, si ottiene nel 95% dei casi un alito immediatamente "piacevole" (personalmente non ho sperimentato questa procedura, perciò non posso assicurarne l'efficacia).

Con olio di semi di girasole

Un maestro asiatico consiglia di adoperare quest'olio, indicando addirittura che il suo frequente uso può portare alla guarigione da patologie gravi.

Prendete in bocca un sorso di olio di semi di girasole (biologico spremuto a freddo) e, muovendo le guance, fate circolare l'olio tra i denti. Dopo qualche decina di secondi, l'olio si mescola alla saliva, creando una soluzione emulsionata. Continuate ancora per un po' a far circolare l'emulsione in bocca, poi sputate.

Quest'olio contribuirà anche a migliorare la salute delle gengive grazie all'elevata presenza di vitamina F.

La sensazione che proverete dopo questo lavaggio sarà molto piacevole ed effettivamente le gengive si rinforzano e si disinfiammano.

L'autore afferma che, esaminando questa emulsione al microscopio, si può notare una grande quantità di parassiti morti. Per tale motivo, egli sconsiglia di ingerire l'emulsione.

Gengive sofferenti

Colgo l'occasione per dare un consiglio in caso di gengive sofferenti (biancastre) o sanguinanti (quando vi lavate i denti). La mia esperienza personale è che il problema si risolve in pochissimo tempo, abituandosi a lavarsi i denti sempre con sale marino integrale (vedi sopra la pulizia "con il sale") e applicando ogni sera, prima di andare a letto, la tecnica dell'olio di semi di girasole (vedi sopra). In questo caso, consiglio di ingerire l'emulsione per usufruire delle vitamine dell'olio. Perciò si userà poco olio (l'equivalente di un cucchiaino da caffè), per evitare pesantezza notturna e converrà lasciar passare da cinque a dieci minuti prima di coricarsi.

Segnalo per i più coraggiosi che il risciacquo della bocca con un po' di urina ha un effetto straordinario sul benessere delle gengive.

Rettifica momentanea dell'alito

Avete un appuntamento importante e il vostro alito puzza? In ½ cucchiaino di aceto mettete una goccia di olio essenziale di menta piperita e versate il tutto in una bottiglia con ½ litro d'acqua. Scuotete bene. Prendete in bocca un sorso e muovendo le guance fate circolare il liquido nella bocca e tra i denti, fate un gargarismo. Ripetete l'operazione e ingerite un altro sorso. Ora avete un alito piacevole.

L'alito è uno strumento diagnostico

La qualità dell'alito è uno strumento diagnostico molto utile. Potete osservare che tutte le persone gravemente malate hanno un alito fetido. Se fate attenzione, noterete che quando l'alito diventa "pulito" la persona guarisce. Allo stesso modo, l'alito costantemente fetido di una persona apparentemente sana ci fa capire che l'organismo sta funzionando male e che potrebbe presto insorgere una patologia abbastanza grave. Pertanto, osservate questo semplice segnale per decidere di ripulire i vostri organi e migliorare la vostra alimentazione, fino ad avere un alito piacevole e invitante.

Pulizia della pelle

Bagno salato

Fate un bagno in vasca con acqua calda (abbastanza calda, non tiepida!) nella quale avrete sciolto da 500 a 800 g di sale marino integrale (l'acqua deve avere un sapore leggermente salato, meno salato dell'acqua del mare; vedi *La cura di tutte le malattie* e *Talassoterapia, curarsi con il mare*, in Bibliografia).

Quando la pelle si è ammorbidita nell'acqua, strofinatevi con un guanto di crine o di cocco e rimanete ancora nell'acqua salata della vasca. Restatevi almeno mezz'ora, immergendo ripetutamente il viso e massaggiando sott'acqua il cuoio capelluto. Uscite dalla vasca e, asciugandovi il meno possibile, massaggiatevi tutta la pelle con un olio vegetale naturale (olio di mandorle, di jojoba ecc.). Recentemente ho scoperto e utilizzo l'eccellente olio di mallo di noce (ditta Farmaderbe).

Se subito dopo andate a letto per almeno un'altra mezz'ora, farete un grande regalo non solo alla vostra pelle, ma all'intero metabolismo e alla psiche. Se questo bagno è preso più come una disintossicazione del corpo che come una pratica rilassante, si può approfittare dell'acqua calda e salata per farsi un clistere, procedendo come spiegato a pagina 75.

Nota: un bagno troppo caldo ha le stesse controindicazioni di una sauna finlandese (umida). Le persone soggette a pressione alta o tachicardia non devono usare acqua troppo calda e devono tenere presente l'aumento del ritmo cardiaco.

Se insorge qualche problema bisogna bagnarsi subito la testa con acqua fredda. Le persone soggette a pressione bassa devono uscire dalla vasca progressivamente: prima devono sedersi sul bordo della vasca, aspettando uno o più minuti, poi si possono alzare in piedi. In caso di giramento di testa, tenendosi a un sostegno abbasseranno la testa sotto il livello delle spalle.

Se non avete in casa una vasca da bagno, utilizzate il bagno della casa di parenti o amici oppure offritevi una notte in albergo, dopo aver verificato che la camera sia provvista di una vasca.

Con fondi di caffè o con argilla

Massaggiate energicamente il viso e/o la pelle del corpo con resti di caffè o con argilla.

L'utilizzo del caffè (non decaffeinato)

come prodotto antirughe è eccezionale: è un segreto di alcuni estetisti francesi. La pelle rinasce! Il problema è che l'uso del caffè non è facile...

Lasciate agire per almeno dieci minuti. Poi sciacquatevi, facendo la doccia o un bagno salato.

Il caffè può essere sostituito dall'argilla, per quanto riguarda gli effetti di pulizia e di nutrimento in minerali, ma manca l'effetto del principio attivo della caffeina. L'uso non è molto più facile, ma non ci sono i problemi di odore forte del caffè.

Con borace

Il borace è un minerale bianco, borato idrato di sodio (la formula è $Na_2B_4O_7 \cdot 10H_2O$). Questo sapone "naturale" è consigliato dalla dottoressa Clark.

Comperate borace in polvere (è una polvere bianca venduta in ferramenta, come additivo per la saldatura). Sicuramente può essere acquistato anche nei negozi in cui si trovano i prodotti raccomandati dalla Clark. Se lo acquistate in ferramenta, state attenti che si tratti veramente di borace e non di una polvere chimica ossidante già confezionata, che il negoziante chiama "borace" per abitudine. Ho recentemente scoperto che il borace si può acquistare facilmente e a un prezzo contenuto presso "ecosalute" (vedi p.137 sotto il titolo "Prodotti della Clark").

Il vero borace ha un pH estremamente alcalino (valore pari a 11 o superiore), mentre le polveri industriali hanno un pH più basso (9 -10). Con carta tornasole, verificate il valore del pH di una soluzione ottenuta diluendo poca polvere in un po' d'acqua.

Una piccola quantità di questa polvere viene messa in una bottiglia di plastica (una bottiglia morbida, schiacciabile, che possiede un tubetto di uscita nel tappo). Una parte della polvere si scioglierà nell'acqua fino a saturarla. Il tubicino deve essere tagliato o sistemato in modo che la sua estremità sia nel liquido, ma non nella parte in cui il borace non è sciolto (vedi disegno). Userete questa soluzione di borace per lavarvi le mani, il viso, il corpo.

Quando il liquido sta per finire, basta aggiungere acqua, agitare e una nuova parte di borace si scioglierà. Con poco borace si produce "sapone" per mesi!

La sensazione di "pulito" sulla pelle è molto piacevole, inoltre il borace funziona molto bene e costa pochissimo!

Nota pratica: l'estremità esterna del tubo ha la tendenza a tapparsi, perché a contatto con l'aria l'acqua evapora e il borace ricristallizza. Con una forbicetta per unghie sarà facile togliere il borace solidificato. Se non si riesce, si smonta il tubo e lo si immerge in tanta acqua calda: il borace si scioglierà.

Massaggio connettivale

Non si tratta esattamente di una pratica di pulizia superficiale della pelle, ma piuttosto di una pulizia in profondità.

Il massaggio connettivale, benché scoperto da tedeschi, è conosciuto con la denominazione francese "palper-rouler". Fu scoperto nel 1929 da una fisioterapista di nome Dicke, alla quale doveva essere amputata una gamba ormai in cancrena. A causa di circostanze amministrative, la sua operazione fu rimandata di una decina di giorni. Non avendo niente da fare, le venne l'idea di farsi un massaggio alla pelle. Al momento di sottoporla all'intervento, il medico osservò che ormai stava guarendo e non la operò. La fisioterapista e il medico Teirich-Leube svilupparono allora la tecnica e la teoria del "Bindegewebsmassage".

Questa tecnica consiste nel prendere la pelle con i polpastrelli delle dita per sollevarne una piega (un po' come per fare un "voluminoso" pizzicotto). Questa piega viene poi fatta avanzare, come un'onda del mare (tsunami).

Il disegno a lato mostra il modo in cui si deve "afferrare" la pelle. Nella realtà, la piega ottenuta dall'azione della mano del terapista arriva in profondità, fino all'ipoderma. Ciò spiega i motivi per cui questo massaggio riattiva la circolazione sanguigna e la sensibilità nervosa, aiuta la migrazione di tossine e l'espulsione del grasso in esubero.

Per comprendere il funzionamento e gli effetti benefici e straordinari di questo massaggio, immaginate un elenco telefonico che potete piegare a piacimento. Se qualcuno rovescia sulle pagine dell'elenco della colla o un liquido appiccicoso, oppure se l'elenco è stato sotto la pioggia, se provate a piegarlo, non ci riuscite più: è diventato come un blocco, le pagine non scivolano più le une sulle altre.

Allo stesso modo, quando le tossine "incollano" i vari strati della pelle, questa si indurisce sempre più, la circolazione capillare e linfatica si fa difficile, la cellulite e le tossine si accumulano, la pelle perde la sua elasticità e tra due zone dure si creano delle smagliature. La pelle non respira più e le tossine che non riescono a essere eliminate si accumulano, provocando malesseri agli organi sottostanti.

Tornando all'analogia con l'elenco telefonico, se prendete in mano l'elenco e forzate l'azione di piegatura, le fibre di alcune pagine si strappano, le pagine si "liberano" e, dopo un breve momento di "manipolazione" dell'elenco, potrete nuovamente piegare le pagine e consultarle.

Allo stesso modo, prendendo in mano la pelle e facendola rotolare, come se fosse un'onda del mare che avanza, si scollano gli strati l'uno dall'altro e li si libera dalle tossine. Perciò, un massaggio connettivale sarà quasi sempre doloroso. Infatti, piegando la pelle si creano dei microstrappi, delle microferite. Per questo motivo si consiglia di lasciare passare almeno 2-3 giorni tra due massaggi successivi della stessa area del corpo.

Tuttavia, la pelle riacquisterà immediatamente elasticità, tonicità. Alcune smagliature, che erano ancora rosate, potranno tornare a essere pelle normale. Intere zone della pelle, che erano bianche e che non cambiavano colore neanche quando venivano pizzicate o percosse, riacquisteranno colore e il sangue riprenderà a circolare nei capillari.

L'effetto sui depositi di cellulite sarà notevole. La pratica di questo massaggio permette di risolvere in una o due sedute contratture e dolori alla schiena, alle spalle o al collo, che duravano da mesi o da anni.

In una seduta di massaggio connettivale, vengono liberate molte tossine.

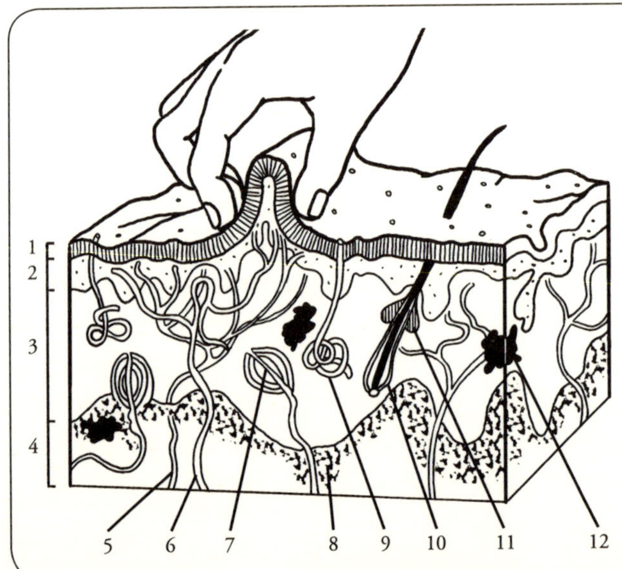

1. Epidermide (strato corneo)
2. Epidermide (strato granuloso e basale)
3. Derma
4. Ipoderma
5. Arterie
6. Vene
7. Corpuscolo di Pacini (sistema sensoriale)
8. Grasso
9. Ghiandola sudoripara
10. Pelo
11. Ghiandola sebacea
12. Tossina

Queste tossine vengono poi eliminate dal sistema linfatico che le riversa attraverso i gangli linfatici nel sangue venoso, che si ripulirà nel fegato e nei reni. È quindi buona prassi abbinare al massaggio l'assunzione di drenanti omeopatici. Il mercato ne offre tanti; uno di questi, molto efficace, è Mehyvas (prodotto dalla ditta Iride); prendetene quaranta gocce al giorno diluite in un fondo d'acqua e tenetele per mezzo minuto sotto la lingua. Si può anche fare uso del *Resolutivo Regium*.

Nel caso in cui il massaggio connettivale non fosse eseguito con il senso e la logica del drenaggio linfatico, è utile far seguire la seduta di massaggio connettivale da una di drenaggio linfatico.

La dimostrazione del fatto che il massaggio connettivale ripulisce la pelle in profondità è che a volte, prima del massaggio, la pelle sembra uniforme e sana, ma l'indomani appaiono numerosi brufoli o foruncoletti, che sono in realtà piccoli crateri attraverso i quali le tossine, espulse dalla profondità della pelle, cercano di uscire.

Quando vedrete come la pelle diventa bella ed elastica dopo un ciclo di massaggio connettivale, sarete entusiasti e convinti della grande utilità di questa tecnica, che viene insegnata in quasi tutte le scuole per estetiste e in alcune scuole di naturopatia.

Va segnalato che ricerche universitarie hanno dimostrato che la salute del tessuto connettivo (la pelle) ha effetti considerevoli sul funzionamento degli organi interni sottostanti e che, viceversa, il funzionamento di un organo sofferente ha tendenza a scaricare tossine nella pelle e quindi a creare zone meno flessibili, che avranno bisogno dell'aiuto del massaggio connettivale.

Scottature e irritazioni

In caso di scottature e irritazioni, potete provare alcuni dei seguenti metodi e osservate se portano a dei miglioramenti.

Preparate una miscela con 50% di sale marino integrale fino e 50% di miele integrale e cospargetela sulla pelle. Questo composto ha anche un'azione curativa e lenitiva contro il prurito.

Provate a fare dei bagni di acqua con borace. Provate con tamponamenti di Regulat (ditta Niedermaier); si tratta di un estratto non alcolico di frutta e vegetali (reperibile in farmacia o in alcune erboristerie) costituito da "enzimi attivati", che ha dato massima soddisfazione a tante persone che conosco. Ho personalmente visto una grave scottatura da colpo di sole guarire in una sola notte dopo essere stata inumidita più volte con questo prodotto.

Pulizia della prostata

Osservazioni preliminari

Ovviamente questo paragrafo riguarda solo i maschi.

La prostata (vedi disegno che segue) è un organo situato subito sotto la vescica, una specie di noce che, assieme alla vescicola seminale, si contrae al momento dell'eiaculazione per "lanciare" lo sperma e attraverso la quale passa il flusso di urina.

In realtà, serve all'immissione dello sperma nel canale deferente del pene ed è solo attraversata dall'uretra.

Se notate un flusso urinario ridotto quando fate la pipì e se avete difficoltà eiaculatorie con uno sperma eccessivamente asciutto, significa che la prostata si è contratta oppure che si è gonfiata, comprimendosi all'interno, quindi forse avete bisogno di rigenerare o ridare elasticità ai tessuti di questo organo.

I consigli che seguono provengono dal libro di Larry Clap (vedi Bibliografia) e producono risultati strepitosi, che vi sorprenderanno.

Per una spiegazione dettagliata e completa di questi metodi, potete comperare il libro (che fra l'altro costa poco): farete un ottimo investimento, anche perché contiene numerose altre indicazioni utili sulla meditazione, sulla dieta e su una sana vita sessuale (tantra).

Fate massaggi esterni della zona della prostata, abituatevi a bere tè verde e soprattutto eseguite il massaggio interno della prostata.

Dice Larry Clapp: "*Il massaggio diretto, accompagnato dal massaggio dei muscoli che circondano la prostata, scioglie i blocchi e favorisce il libero flusso di sangue e di energia. Può essere eseguito da un professionista oppure da una persona amata (potete praticare da soli il massaggio esterno, ma per quello interno occorre un'altra persona). Anche un'attività sessuale regolare e amorevole è importante per esercitare e depurare la prostata*". (Vedi *Guarire la prostata in 90 giorni*, in Bibliografia).

Ci sono ben poche persone che hanno una chiara idea di dove si trovi la prostata. Esaminate il disegno riportato di seguito. Capirete subito quanto sia difficile "toccarla", perché è situata tra l'osso pubico e il retto.

È quindi inaccessibile da davanti (perché nascosta dall'osso pubico), la si può smuovere un po' agendo sulla vescica, ma appare anche evidente quanto sia facilmente e direttamente "accessibile" attraverso l'ano e il retto (segnalo che parecchi osteopati eseguono il massaggio interno della prostata).

Per i dettagli del massaggio e degli esercizi fisici, fate riferimento al libro di Clap.

Eccone un riassunto (reinterpretato in alcuni punti):

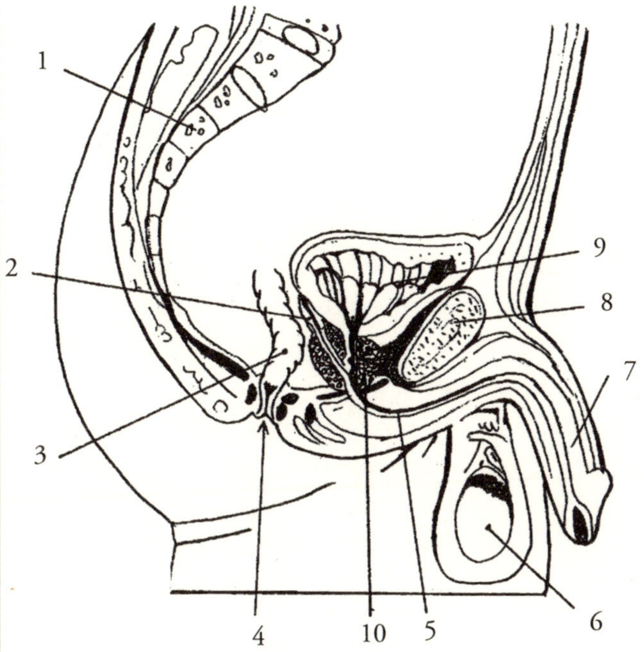

1. Vertebre
2. Vescicola seminale
3. Colon (retto)
4. Ano
5. Uretra
6. Testicolo
7. Pene
8. Osso pubico
9. Vescica
10. Prostata (area punteggiata)

Esercizio di "ginnastica"

Si parte sdraiati supini. Piegate le gambe allargando le ginocchia e unendo le piante dei piedi, una contro l'altra.

Mantenendovi sdraiati sulla schiena e tenendo le piante dei piedi unite dai soli muscoli delle gambe stesse e dalla flessione delle caviglie (le braccia rimangono distese lungo il corpo), allungate e ripiegate le gambe da sei a dodici volte successive, una volta al giorno.

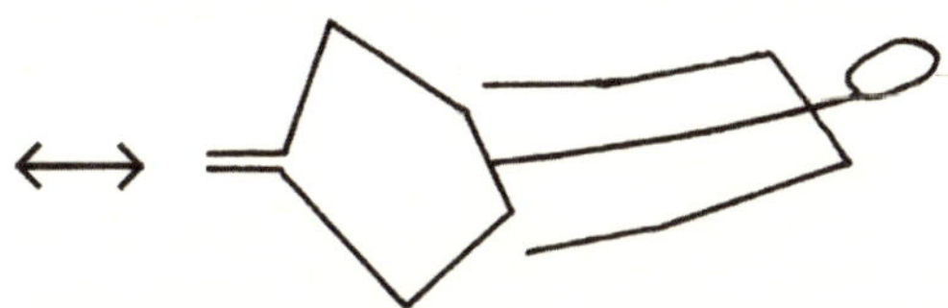

Massaggio esterno

Dopo aver svuotato intestino e vescica, sdraiatevi sulla schiena, nudi e con le gambe piegate, e massaggiatevi intensamente tutta la zona tra lo scroto e l'ano.

Mettendo poi la mano sulla pancia, cercate di inserire la punta delle dita nel basso ventre, sotto l'osso pubico (sinfisi pubica), massaggiate ritmicamente smuovendo il più possibile i tessuti della zona. In questo modo agirete sulla vescica e, di conseguenza, sulla prostata.

Poi, allungando le gambe, massaggiate con vigore tutta la zona circostante l'osso pubico, puntando con le dita dentro la pancia e cercando di andare il più possibile sotto l'osso pubico, con una pressione forte e costante della punta delle dita.

Mettetevi in piedi, con le gambe rilassate, leggermente flesse (vedi Divine-Healing), datevi ritmicamente dei colpi sul sedere col dorso dei pugni. Picchiettate così tutte le natiche, dedicandovi soprattutto alla zona tra l'ano e lo scroto. Sentirete i colpi "rimbombare" dentro la pancia, coinvolgendo la vescica e la prostata.

Ho aumentato l'efficienza del massaggio esterno aggiungendo un digiuno di due giorni. La pancia e il basso ventre diventano allora sgombri da feci. Massaggiate esternamente, con forti pressioni, tutto il basso ventre, l'intestino, la zona terminale del colon e la zona della vescica.

Grazie a questo intenso massaggio, tutta questa zona si ammorbidisce notevolmente al tatto e ciò porta sicuramente giovamento all'elasticità dei tessuti della prostata.

Massaggio interno

Anche se l'operazione non è facilissima, se avete braccia lunghe e dita longilinee, riuscirete a praticare da soli il massaggio interno.

Prima di iniziare, andate in bagno per scaricare il retto (parte terminale del colon) e poi eseguite un clistere. In questo modo il retto e il sigma sono sgomberi da feci.

Per il massaggio, state in piedi, in posizione semi-seduta, usate il dito indice (di cui avrete avuto cura di tagliare a raso l'unghia), ungetevi la zona anale di vaselina o olio e introducete il dito con o senza un guanto di lattice. Con la punta del dito (dalla parte dell'unghia) sentirete una parete dura e arrotondata nella zona più distante. Questa "pallina" va massaggiata come si riesce, premendola, cercando di spostarla…

Ovviamente è tutto molto più facile se si sta comodamente sdraiati, mentre chi fa questo è una persona amata o un terapista (una terapista che ha eseguito questo massaggio a un uomo mi ha spiegato che all'inizio sentiva la prostata come un'albicocca, mentre durante il massaggio questa si ammorbidiva per ridursi, alla fine della seduta, a due nocciole...).

Ho applicato questi consigli su me stesso (perché nella misura del possibile cerco sempre di fare l'esperienza di quello che consiglio) e il risultato è stato sorprendente: il flusso di urina, che prima era un po' limitato, è diventato tale che mi sembrava, a cinquant'anni, di essere tornato un bambino di dieci anni, che fa la gara a "chi arriva più lontano"... La sensazione, urinando, è quella di svuotare veramente la vescica, mentre prima della pulizia mi sembrava sempre che rimanesse tanta pipì...

Segnalo che alcune scuole di osteopatia insegnano agli osteopati questo massaggio interno.

I vari consigli di pulizia della prostata sono certamente molto efficaci per tutte le problematiche di sterilità maschile.

Utilità della pulizia del colon

Per la vicinanza tra colon e prostata, le tossine ed eventuali parassiti migrano facilmente attraverso le pareti del colon, per accumularsi nella prostata e colonizzarla. Larry Clap (vedi Bibliografia) insiste quindi anche sulla necessità di eliminare ogni focolaio di tossine dall'intestino crasso. Diventa essenziale applicare le tecniche di pulizia descritte nel relativo capitolo "pulizia dell'intestino", tra cui l'idrocolonterapia o una sua variante.

Pulizia della vagina

Ovviamente questo paragrafo riguarda solo le donne...

Quando fate un bagno salato (vedi "pulizia della pelle"), prendete una peretta e, riempiendola sott'acqua con la stessa acqua della vasca, svuotatela, spruzzandone il contenuto nella vagina. Questa peretta si vende nei negozi di articoli sanitari, concepita appositamente per i lavaggi vaginali.

Ripetete due-tre volte, lasciando sempre passare almeno qualche minuto tra una volta e l'altra.

Questa semplicissima tecnica ha effetti eccezionali sui problemi di irritazioni di tutta la zona genitale femminile e su alcune patologie del collo dell'utero.

Una mia amica mi ha spiegato che esegue questo lavaggio ogni volta che fa il bagno in vasca e che si "diverte" anche a utilizzare i muscoli interni della vagina e dell'utero, per aspirare acqua e poi ributtarla fuori. Questo esercizio ha anche il vantaggio di tonificare i muscoli interni, con il risultato di... maggiori soddisfazioni nelle relazioni sessuali.

Per effettuare un lavaggio vaginale, si può anche utilizzare il "kit per enteroclisma" (citato nel capitolo "Clisterelavaggio") inserendo sul tubo la cannula lunga prevista proprio per questo tipo di lavaggio.

Pulizia del sangue

Questa procedura è stata ispirata dal famoso libro *Il medico di se stesso* di Naboru Muramoto (vedi Bibliografia).

L'autore sostiene che è possibile rigenerare il sangue in dieci giorni. Se avete analisi "sballate", provate la procedura, rifate le analisi e sarete piacevolmente sorpresi.

Tutti gli ingredienti sono reperibili in qualsiasi negozio di alimentazione biologica.

Osservate una dieta di sette giorni, cominciando con una base costituita essenzialmente da verdura cruda condita con olio di germe di grano, acidulato di umeboshi e poco sale marino integrale. Assieme a questi elementi, usate pane integrale di pasta acida (vedi *Consigli di benessere alimentare* e *Il medico di se stesso*, in Bibliografia). Questo significa che anche la colazione viene fatta allo stesso modo degli altri pasti. Come bibita, scegliete il tè bancha.

Dopo i primi tre giorni, poco a poco potete inserire nei pasti altri cereali integrali (grano, segale e riso, poi grano saraceno) che potete cuocere come se si trattasse di riso, avendo cura di ammorbidire il grano e la segale, lasciandoli a bagno otto ore. Cominciate anche a cuocere (scottandole in acqua calda) una parte delle verdure e ad aumentare la quantità di sale. Potete anche consumare pane spalmato di una miscela di tahin e hatcho miso (reperibili nei negozi di alimentazione biologica; vedi *Consigli di benessere alimentare*, in Bibliografia).

Dopo i sette giorni, continuate a inserire un po' tutti i cibi, limitandovi a cibi sani, non industriali ed eliminando carni rosse, latticini e uova.

Usate molte verdure a foglia verde, ricche di ferro, scottate o crude, a seconda di come le digerite meglio. Per scottare le verdure, cuocetele per poco tempo (un minuto) a fuoco alto in una padella contenente poca acqua salata bollente, girandole.

Aiutatevi con un decotto di erbe preparato nel seguente modo: miscela di ortica 20%, betulla 20%, achillea 20%, radice di bardana 40%; fate bollire per sei minuti per ottenere un decotto abbastanza concentrato. Filtrate e bevetene una tazza alla sera e una al mattino.

Esprimendoci in modo più "occidentale", possiamo dare la seguente spiegazione della dieta di Muramoto: il pH del sangue di un individuo sano rimane entro valori molto precisi: varia da 7,3 a 7,4.; quando le analisi del sangue sono "sballate", il fatto è generalmente dovuto a una eccessiva alcalinità del sangue (pH superiore a 7,4), con una corrispondente eccessiva acidità delle urine (pH inferiore a 6,8). Una persona poco sana avrà un pH dell'urina di 5 o 6 e un pH del sangue di 7,5 o più. Il pH delle urine di una persona molto sana, invece, dovrebbe essere al mattino di 6,8 e durante il giorno compreso tra 7 e 7,5.

La dieta proposta da Muramoto è in realtà essenzialmente una dieta alcalinizzante, che in breve tempo riporta le urine a un pH normale e sano, superiore a 6,8 (e che di conseguenza abbassa il pH del sangue a un valore normale).

Per rendersi conto dei progressi ottenuti, basta controllare il pH delle urine, utilizzando una carta tornasole (che si può acquistare in farmacia). Depositando una goccia di urina sulla carta, questa deve assumere un colore che si paragona ai colori di riferimento posti sulla confezione. Ci sono diversi tipi di carta tornasole. Nella maggior parte dei casi, la carta è gialla e dovrebbe diventare verde. Se rimane gialla, il pH dell'urina è sicuramente inferiore a 6,8, cioè l'urina è troppo acida.

Si può accelerare il processo di alcalinizzazione assumendo un cucchiaio al giorno di minerali alcalinizzanti (per esempio Basenpulver della ditta Pascoe) sciolti in poca acqua, lontano dai pasti.

Quando i valori del pH si normalizzano e rimangono stabili, il senso di benessere è generale.

Pulizia delle articolazioni

Con cloruro di magnesio

Ho ricevuto questo metodo via Internet e l'ho provato, ricordando che una mia amica, dieci anni fa, era una fanatica del cloruro di magnesio e me ne aveva fatto bere un po'; in quel periodo, però, l'avevo solo assaggiato, senza assumerlo con regolarità.

Un'altra persona, che soffriva di dolori costanti e generalizzati alla schiena e alle articolazioni, ha fatto la stessa prova con esito molto buono, visto che dopo una ventina di giorni di assunzione mi ha riferito che i suoi dolori articolari erano praticamente scomparsi.

Procedura

Diluite 100 g di cloruro di magnesio in tre litri d'acqua. Della soluzione ottenuta bevete ogni mattina 40 ml (l'equivalente di una tazzina di caffè).

Credo che il principio di funzionamento sia uguale a quello del sodio illustrato nel paragrafo sale/no sale. Essendo il magnesio più nobile del sodio (che è più nobile del calcio), l'eliminazione dei depositi di calcio non fissato è ancora maggiore. Sembra che l'uso del cloruro di magnesio consenta di ripristinare un perfetto funzionamento delle articolazioni, di eliminare i fenomeni di artrosi e perfino di risolvere dolori del nervo sciatico, dovuti a depositi di calcio anomali lungo la spina dorsale.

Si consiglia una cura per un periodo di almeno 2 x 100 giorni, che equivale a cinque mesi di assunzione ininterrotta di 40 ml al giorno.

Accanto ai numerosi benefici riscontrati già dopo qualche settimana (diminuzione dei dolori fisici e aumento dell'efficienza intellettiva e fisica), l'unico effetto collaterale indesiderato è una minore durezza delle feci, che può disturbare solo chi soffra già di diarrea.

Personalmente ho avuto buoni riscontri, ma non ho ritenuto utile seguire questo metodo per lunghi periodi, visto che faccio uso di sale marino integrale, che contiene una buona quantità di magnesio e dato che il gusto amaro non è molto piacevole.

Coloro che applicano questa procedura da tanti anni dicono che il magnesio non ha alcun effetto negativo sul calcio già fissato nelle ossa e infatti, da controlli e analisi eseguiti, risulta che queste persone non presentano alcun problema di carenza di calcio (osteoporosi o livelli bassi nel sangue). Al contrario, un apporto di magnesio aumenta la biodisponibilità del calcio e contribuisce alla sua fissazione nelle ossa (vedi *L'acqua che beviamo*, in Bibliografia).

Osservazione

Abbiamo notato che questa soluzione tende a generare un "fungo" dopo due settimane (anche se conservata in frigo). Perciò è meglio prepararla di volta in volta, avendo cura di conservare la polvere in un recipiente chiuso ermeticamente, perché, essendo molto igroscopica, ha la tendenza a inumidirsi eccessivamente.

Segnalo che in erboristeria e nelle farmacie, l'assunzione del magnesio viene proposta in diverse forme (pastiglie, fiale ecc.) e in diverse formulazioni (chelato di magnesio, citrato di magnesio, stearato di magnesio ecc.). Ci risulta che la forma che agisce più rapidamente ma meno a lungo sia la formula del cloruro di magnesio. Le altre formule sono più facilmente assimilate dal nostro organismo e agiscono in modo più lento ma più duraturo. La formula del citrato (commercializzata con il nome "magnesio supremo") risulta molto efficace e inoltre, se assunta alla sera, favorisce un sonno migliore.

Il magnesio si trova anche in grandi quantità in alcuni cibi: cacao, soia, frutta secca (noci, arachidi, mandorle, noccioline), germe di grano, cereali integrali (avena, mais).

In caso di dolori persistenti, l'uso di *Resolutivo Regium* può avere effetti favorevoli (vedi ultimo paragrafo del capitolo "pulizia dei reni").

Con silice organica

Dalle mie ricerche ed esperienze, mi sono reso conto dell'importanza dell'assunzione di un complemento di silicio, sotto forma di silice organica. Pare che col passare degli anni la nostra carenza di silicio aumenti progressivamente, a causa della nostra alimentazione troppo raffinata. Il nostro organismo ha la capacità di trasmutare il silicio in altri minerali (calcio, potassio); per alcuni sembrerà un'eresia, ma ci sono studi scientifici che lo dimostrano. La silice organica è facilmente bioassimilabile e ha un effetto rigenerante su tessuti, cartilagini e ossa. Perché non provare? Per esempio, l'applicazione di silice organica su ginocchia doloranti ha risolto a meraviglia il problema dopo solo alcune settimane. Il prodotto migliore è probabilmente il "G5", creato da Loic Le Ribault, che è anche lo scopritore dell'importanza del silicio come complemento alimentare. In Italia il "G5" si trova difficilmente, perciò consiglio anche altri prodotti, tutti reperibili in farmacia: Silicea-Silicagel (ditta Hubner), che ha il vantaggio di poter essere applicato localmente ma anche ingerito; e Sili-G.E.M (www.ergoshop.it) e Silafit (ditta Chimicor), utilizzabili per via orale e con un alto livello di assimilabilità. Infine esistono degli unguenti eccellenti per i risultati ottenuti con applicazioni locali: Atrosilicium, Artroflexyl, Silicium Flex (gel). I primi due sono venduti per corrispondenza, Silicium Flex, invece, il meno caro, si trova anche in farmacia.

Con sali minerali

È stato dimostrato che gli organismi viventi sono in grado di realizzare la trasmutazione biologica (vedi Louis Kervran e Peter Tompkins in bibliografia), cioè di trasformare chimicamente per esempio il potassio in calcio.

Capiamo così come i sali alcalinizzanti, ricchi di magnesio e potassio, siano benefici per le articolazioni e le ossa oltre al loro semplice effetto sul pH; questo sottolinea anche l'importanza di usare sale marino integrale invece del sale raffinato.

Generalmente, per facilitare l'assimilazione e la trasmutazione, si consiglia di abbinare il consumo di sali minerali all'assunzione di vitamina C. Ricordando che per ottenere 1 g di vitamina C ci vogliono almeno 30 arance, ribadisco la necessità di prendere questi integratori alimentari sotto forma di pillole o capsule concentrate.

Pulizia dei polmoni

Per ovvi motivi, i polmoni non possono essere "lavati" con liquidi o ripuliti attraverso un'alimentazione particolare...

L'unica cosa che si può fare è respirare in modi particolari per gonfiarli meccanicamente in tutte le loro parti, in tutti gli alveoli, e per aumentare la dilatazione del diaframma.

Si può comunque anche picchiettare la gabbia toracica, per rimettere in moto muco stagnante o impurità ferme.

Respiro diaframmatico

Sdraiatevi supini (a pancia in su), poggiate le mani sulla pancia per sentirne i movimenti verso l'alto e verso il basso. Inspirate dal naso, immaginando che i polmoni si trovino sotto le mani, cioè nella pancia, o immaginando di essere incinta. Nel frattempo, dimenticatevi totalmente di avere i polmoni nella gabbia toracica. Così, nell'inspirazione la pancia si gonfia a dismisura. La gabbia toracica rimane pressoché immobile.

Al termine dell'inspirazione aspettate due secondi e poi lasciate andare tutto: la pancia si sgonfia e l'aria esce dalla bocca; usate dolcemente anche i muscoli addominali per svuotare completamente la pancia. L'espirazione è quindi accompagnata da un senso di abbandono, di rilassamento.

Al termine dell'espirazione, aspettate due secondi e riprendete l'inspirazione dal naso, gonfiando la pancia, come spiegato sopra. Potete fare questo esercizio posando un libro sulla pancia (vedi disegno).

Ripetete dieci volte con la stessa intensità.

Poi continuate a respirare nella pancia per alcuni minuti, ma senza più forzare.

Nota: in realtà, non è che ci siano polmoni nella pancia, è che (guardando una persona in piedi) quando il dia-

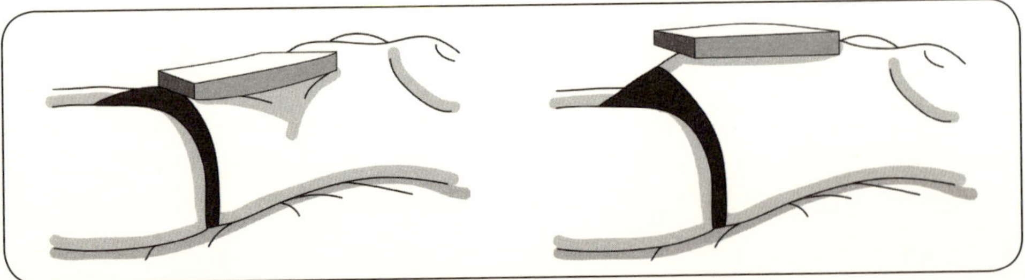

framma si sposta in basso, scende in avanti e quindi spinge in fuori la pancia. Al contrario, quando il diaframma risale verso i polmoni, risucchia in dentro la pancia. La respirazione avviene per il fatto che è il diaframma a premere e a dilatare i polmoni dal basso, un po' analogamente a quanto avviene in una pompa da bicicletta, nella quale l'aria è pompata dallo spostamento di un diaframma (il "pistone" della pompa che si sposta su e giù nel "cilindro" della pompa), ma le pareti della pompa restano ovviamente immobili.

Va anche fatto notare che il respiro naturale è il respiro con la pancia, cioè il respiro diaframmatico. I bambini piccoli respirano con la pancia, così come gli animali a riposo o gli adulti quando dormono, o tutti i primitivi o cosiddetti "primitivi".

In realtà, smettiamo di respirare con la pancia quando cominciamo a farci influenzare dalla pubblicità (avete mai visto una modella con la pancia in fuori?), dai film sui militari o dai documentari sugli sportivi (pancia in dentro, petto in fuori). A ciò va aggiunto il condizionamento di tante società (tra cui le società occidentali) in cui la pancia non va mostrata, perché è sede di quella cosa "sporca" che è il sesso (non lo si può toccare, non lo si può guardare...).

Respiro totale

Si procede come nel respiro diaframmatico, con la differenza che l'inspirazione si esegue in tre zone consecutive: la prima è la pancia, la seconda il busto e la terza la parte alta dei polmoni.

Sdraiatevi supini e fate una lunga inspirazione, gonfiando la pancia. Poi continuate l'inspirazione, cercando di usare anche i muscoli intercostali (cioè sollevando e aprendo la gabbia toracica) e continuate alzando le braccia (fino a stenderle sopra la testa) per usare la fascia superiore dei polmoni (situata vicino alle clavicole), che solitamente non viene coinvolta nella respirazione.

L'espirazione avviene naturalmente, in una fase di rilascio totale e riportando in avanti le braccia.

Ripetete più volte.

Una volta appresa questa inspirazione in tre zone, l'esercizio di respiro totale si esegue molto bene stando in piedi. Si parte dalla posizione base del Divine-Healing (vedi oltre) e, tenendo i polsi vicino alla parte centrale del corpo, si alzano progressivamente le braccia mentre la pancia si gonfia e i polmoni si riempiono in tutte le loro parti. Le gambe rimangono leggermente flesse, i piedi sono paralleli tra loro e distanziati come le spalle.

Stando in piedi, potete eseguire l'espirazione totale ripiegandovi e accovacciandovi su voi stessi (vi ritrovate a gambe piegate, "seduti" sui polpacci), un po' come nella posizione a uovo nelle discese con gli sci, solo che in questo caso i gomiti vengono incastrati nella pancia, costringendola a svuotarsi totalmente...

Ripetete dieci volte. Poi tornate a un respiro normale rilassato.

Note: quando questo esercizio viene eseguito tante volte, è quasi sicuro che un tale respiro provocherà capogiro o in casi estremi un senso di paralisi. Si tratta di un fenomeno normale, dovuto a una iperossigenazione. Infatti, solitamente respiriamo usando meno del 30% della nostra capacità toracica. Quando la usiamo tutta, arriva un eccesso di ossigeno e di gas carbonico e il cervello si trova "sbilanciato".

Niente panico: dopo alcuni minuti di respiro normale, tutto torna come prima.

Più spesso si pratica questo esercizio, meno facilmente appariranno i disagi e maggiore sarà l'efficienza respiratoria.

Respiro forzato

Per poter eseguire questo esercizio, occorre padroneggiare senza difficoltà il "respiro totale". Si parte da una posizione sdraiata supina.

Chi pratica questo esercizio dice sempre che è difficile, perché si rimane in "apnea". In realtà, è proprio il contrario, perché nell'apnea si rimane tanto tempo senza inspirare, mentre in questo caso si rimane senza espirare, pur continuando a inspirare. Non c'è quindi mai motivo di sentirsi mancare l'ossigeno, perché si continua a introdurne.

Si inizia con una inspirazione come quella descritta nel "respiro totale". Al termine dell'inspirazione, non espirate, ma trattenete l'aria!

Poi inspirate con un movimento veloce del diaframma, rigonfiando la pancia e inspirando ulteriormente dell'aria, senza aver abbassato la gabbia toracica dalla posizione precedente. Continuate a non espirare e a trattenere l'aria.

Usando nuovamente il diaframma e i muscoli addominali, abbassate la pancia e trasferite tutta l'aria nei polmoni, costringendo la gabbia toracica a sollevarsi e ad aprirsi di più.

Ricominciate, ripetendo più volte la sequenza: usando il diaframma e i muscoli addominali, gonfiate la pancia inspirando, poi abbassate nuovamente la pancia e trasferite l'aria nei polmoni, costringendo la gabbia toracica a sollevarsi e ad aprirsi ancora di più. Fino a questo momento non avete ancora espirato e continuate a trattenere l'aria.

Mentre eseguite la sequenza, muovete il corpo come se foste un serpente, per aprire zone "chiuse" dei polmoni.

Continuando così più volte, la gabbia toracica si alza sempre più, la pressione dell'aria nei polmoni aumenta e ogni volta la quantità inspirata sarà minore

Alla fine alzate le braccia, per sfruttare la parte alta dei polmoni.

Giungerete al punto in cui non entra più aria nei polmoni e questi staranno per scoppiare.

Allora, potete lasciare andare l'aria e sgonfiare i polmoni.

Ripetete almeno tre volte l'intero esercizio.

Alla fine vi sembrerà di avere polmoni nuovi.

Respiro del "Divine Healing"

Questa tecnica affonda le sue radici nelle antiche tecniche orientali di shiatsu, agopuntura, hamma, do-in.

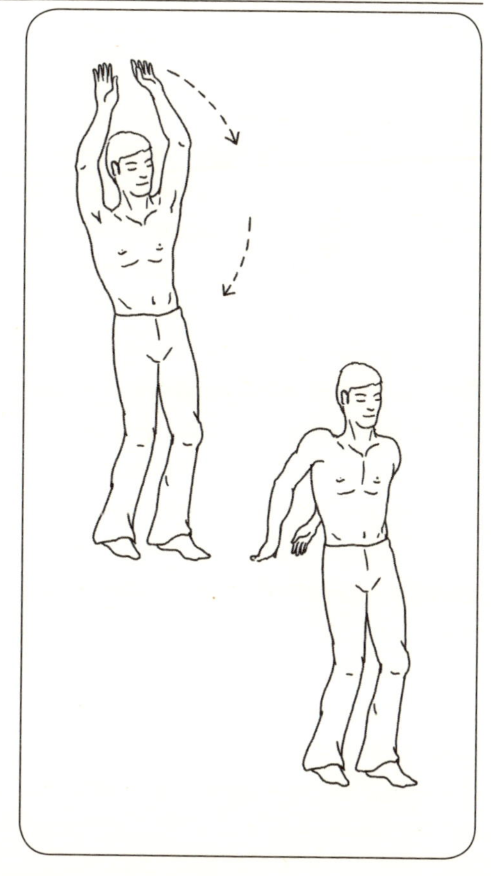

Posizione base

Mettete i piedi con i lati interni paralleli e a una distanza uguale alla distanza tra le spalle.

Tenete le ginocchia lievemente piegate, cioè sbloccatele, per conferire elasticità al bacino e morbidezza al movimento.

Esercizio

Lanciate le braccia in alto senza irrigidirle, finché nella posizione alta "cozzano" contro l'articolazione della spalla. Fatele ridiscendere con un movimento centrifugo, un po' come se voleste asciugare l'acqua da un paniere di insalata (immaginate di tenere due panieri, uno in ogni mano). In questo movimento, le braccia non compiono sforzo muscolare, sfruttano la forza centrifuga e risalgono un po' dietro la schiena, con le scapole che si stringono sulla parte posteriore bassa del collo. Senza mai interrompere il movimento, con fluidità, rilanciate le braccia in senso inverso, cioè in avanti e in alto. Continuate così per più volte. L'inspirazione avviene con il naso, quando le braccia salgono. L'espirazione, rumorosa, va eseguita con la bocca quando le braccia scendono. Prendete l'abitudine di contare a voce alta, eseguendo questo esercizio. La cifra va detta (o urlata) quando le braccia scendono. Contate, per esempio, da uno a cinquanta e poi continuate alla rovescia da cinquanta a uno. Alla fine dei cento respiri, il movimento va interrotto progressivamente, non di colpo. Il fatto di contare aiuta a espirare e occupa il cervello, che non può pensare ad altre preoccupazioni. Questo esercizio diventa quindi una bella meditazione. I cinesi affermano che, se si esegue questo esercizio duecento volte al giorno (cioè da uno a cento e da cento a uno), non ci si potrà mai ammalare gravemente. Il motivo è che questa pratica non solo induce una respirazione totale e buone circolazioni sanguigna e linfatica, ma stimola anche tutti i meridiani della medicina cinese (meridiani dell'agopuntura, che intervengono per migliorare il funzionamento degli organi).

Ecco una bella variante di questo esercizio, che aumenta il senso dell'equilibrio, migliora la flessibilità del collo, stimola la vista e rende mani e polsi più sciolti. Quando le mani vanno in alto, aprire totalmente il palmo rivolto verso l'alto, come se si dovesse sostenere un soffitto

che scende verso di noi. Quando le mani vanno in giù, piegare i polsi all'indietro, come se le dita volessero risalire in alto dietro la schiena. Mentre si fa questo con le mani, gli occhi e la testa seguono le mani che salgono. Quando le mani scendono, la testa si abbassa e gli occhi scendono a guardare lo sterno. Consigliate questo esercizio alle persone anziane a cui volete bene. Quaranta volte al giorno (da 1 a 20 e da 20 a 1) sono sufficienti. Se ci sono difficoltà iniziali, sdrammatizzate, accettate esercizi fatti male o a metà, e magari solo 10 volte (da 1 a 5 e da 5 a 1), per poi arrivare a poco a poco all'esercizio eseguito come descritto. Sarete strabiliati dai risultati.

Nota generale: questi esercizi aumenteranno la capacità polmonare, apriranno tutti gli alveoli. I polmoni ne risulteranno "rigenerati". Se eseguiti in un ambiente sano (aperta campagna, montagna), daranno un giovamento maggiore.

Se lo stato dei polmoni non è dei migliori, generalmente nel primo periodo di pratica, si avranno accessi di tosse ed eventuale espulsione di catarro. È ovviamente consigliato di non intasare i polmoni con "materiale" esterno come polveri, inquinanti, fumi ecc.; se vi è possibile, migliorate la qualità della vostra aria (non fumare, fare gite nei boschi...).

Respirare meno per stare meglio

Con questo titolo provocatorio, desidero segnalare un altro modo di respirare, nel quale si cerca di aumentare la percentuale di anidride carbonica rispetto all'ossigeno.

Posso confermare che questo metodo, scoperto dal medico russo Buteyko consente di risolvere gravi problemi di asma (si veda il sito www.buteykoitalia.homestead.com).

Urinoterapia

Molti lettori si sono lamentati dicendomi: "Perché non parli dell'urinoterapia?".

Rispondo che questo libro non è concepito come un manuale che elenca tutte le cure esistenti, ma solo metodi di pulizia dei vari organi. Però, di fronte alle insistenze, ecco alcune nozioni.

L'urina è un liquido particolare che ha numerose proprietà, enzimatiche, disinfettanti, cicatrizzanti, detergenti ecc., anche se contiene materiale di scarto eliminato dal corpo. Numerosi laboratori hanno provato a "copiarla" ma non riescono ad impedire l'intorbidimento e il degrado quasi immediati delle "copie".

L'urina è un eccellente stimolante di tutte le funzioni dell'organismo e uno dei migliori disinfettanti esistenti in natura. Si dice anche che l'urina stimoli la crescita e ricrescita dei capelli (ma probabilmente allontana i partner...).

Ho osservato che, in caso di ferita, se si evita di lavare la piaga con acqua clorata (del rubinetto) e si usa urina, la guarigione e la cicatrizzazione sono migliori e più veloci. Provate con piccole ferite. L'unico svantaggio è estetico: la cicatrice rimane più vistosa. Il motivo è semplice: il nostro organismo non pensa all'estetica, ma si concentra sul riparare la pelle e renderla più solida. Una cicatrice robusta è anche più vistosa. Pertanto, se siete preoccupati dall'estetica, non usate questa tecnica in caso di ferite in parti del corpo che siano troppo esposte alla vista altrui. Potete usarla per i vostri animali.

In caso di gengive che sanguinano facilmente, eseguire risciacqui della bocca con una piccola quantità della propria urina (poi sputata) ha risolto il problema in pochi giorni.

Per rinforzare tutte le difese dell'organismo, berne un sorso ogni giorno. Si eviterà di raccogliere la primissima urina del mattino, che è quella che contiene la maggior quantità di materiale di scarto.

Bere la propria urina è anche utile per essere più consapevole del funzionamento del proprio corpo. Se, a prescindere da preconcetti psicologici, l'urina ha un sapore e/o un odore particolarmente sgradevole, significa che l'organismo non funziona correttamente o che l'alimentazione non è buona.

Urina omeopatica

Un sistema diffuso per creare un rimedio contro numerosi disturbi della salute consiste nel bere 2 o 3 volte al giorno un sorso della propria urina "omeopatizzata".

Si prende una bottiglia da un litro con mezzo litro di acqua nella quale si mette un cucchiaino della propria pipì. Si scuote la bottiglia dall'alto in basso 50 volte. Poi si svuota tutto nel lavandino. Si riempie nuovamente ma solo con acqua (mezzo litro), si scuote e si svuota nuovamente tutto. Si ripete altre due volte, poi un'ultima volta con un litro intero.

Si ottiene così un litro di acqua dinamizzata che ha solo la memoria della pipì. Sembra magia, ma il suo potere curativo è elevatissimo per raffreddori, infezioni, tonsilliti ecc. Provate!

Pulizia del sistema linfatico

Quando si parla di parola LINFA, il pensiero va agli alberi e si ha subito l'idea di VITA.

Infatti, la linfa nel corpo umano è portatrice di vita. È un liquido trasparente con una composizione simile al plasma sanguigno, è un liquido interstiziale che riempie e circola nei piccoli spazi esistenti tra le cellule e non raggiungibili direttamente dai capillari sanguigni. La linfa serve a portare nutrimento alle cellule (trasudando dai capillari sanguigni) e a portare via i detriti (attraverso il sistema linfatico). La linfa garantisce anche l'idratazione del corpo in tutte le sue zone.

Il sistema linfatico non ha un "cuore pulsante". È un sistema a senso unico che dalla periferia porta verso l'alto, iniziando con infimi capillari che si trasformano in condotti sempre più grandi che confluiscono alla fine nel circuito sanguigno. Nella parte sinistra del corpo la linfa si raccoglie nel dotto toracico che riversa il suo flusso nel sangue, nella vena succlavia superiore sinistra. Nella parte destra si raccoglie nel grande dotto linfatico che si riversa nella vena succlavia superiore destra, che si riverseranno nella vena cava che andrà poi al cuore (atrio destro).

Come fa la linfa a risalire nel corpo umano? Esattamente come una spiga di cereali riesce a risalire nella manica di un abito portato da un essere in movimento. I vasi linfatici sono costituiti all'in-

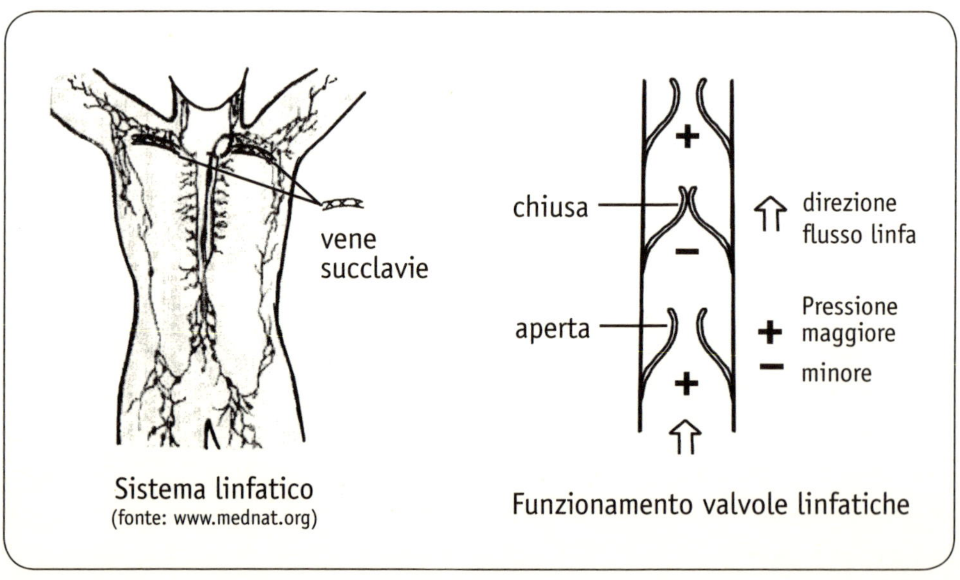

Sistema linfatico
(fonte: www.mednat.org)

Funzionamento valvole linfatiche

terno da numerose valvole a cuspide che si aprono per lasciare passare un liquido sotto pressione e si richiudono subito dopo (vedi disegno), impedendo che possa ri-scendere per la forza di gravità.

Il vaso linfatico è costituito da cellule che sono permeabili e consentono l'ingresso della linfa circostante nel capillare linfatico. Sul percorso dei vasi linfatici si trovano numerosi gangli linfatici che hanno la forma di un fagiolo e svolgono il ruolo di mini-discariche della spazzatura: accumulano i detriti (batteri o globuli rossi morti o inutili, cellule tumorali morte ecc.) e li smistano o li distruggono. I detriti finissimi sono immediatamente immessi dal linfonodo nei capillari venosi, gli altri, come detto sopra, sono convogliati verso le vene succlavie.

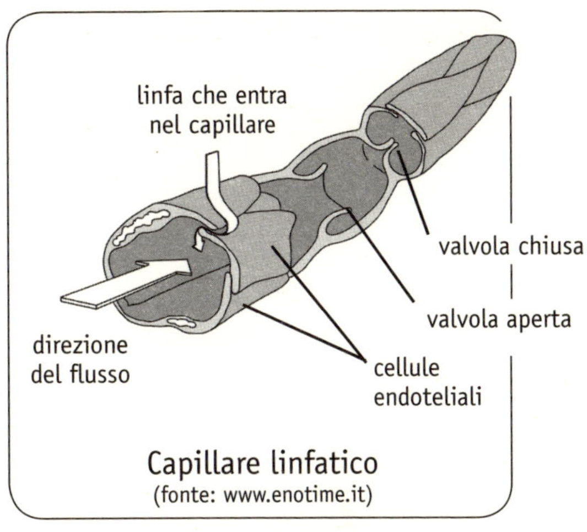

Capillare linfatico
(fonte: www.enotime.it)

Abbiamo quasi tutti sperimentato su noi stessi o su un parente che quando c'è un'infiammazione, uno o più gangli linfatici situati a monte della zona infiammata si possono gonfiare e infiammare a loro volta; questo è un processo logico e naturale (che non giustifica l'asportazione dei gangli linfatici!).

Come possiamo ripulire il sistema linfatico?

Ci sono due elementi essenziali: la qualità della linfa dipende dalla qualità del sangue. Perciò per ripulirla occorre ripulire il sangue, quindi è applicabile la pulizia del sangue (spiegata precedentemente), che consiste essenzialmente in una dieta vegetariana-crudista di alcuni giorni.

L'efficienza vitale della linfa dipende dalla sua circolazione. La circolazione e il ricambio della linfa sono legati direttamente al movimento. La spiga, nella manica di un morto, non si muove, nella manica di un bambino che è costantemente in movimento, risale in meno di un minuto. Perciò occorre fare movimento e più questo consisterà in scosse e salti, maggiore e migliore sarà la circolazione. Correre a piedi o saltare la corda sono i migliori esercizi. Per chi non si può muovere, sarà necessario il massaggio e soprattutto il drenaggio linfatico, che può essere svolto anche con macchinari (pressoterapia).

Pulizia psicologica

Tecniche antistress da eseguire da soli

In tutte queste tecniche, conta molto l'impegno individuale: mettetecela tutta, come se la vostra sopravvivenza dipendesse dal livello del vostro impegno.

Tecnica del cuscino: afferrate un cuscino un po' rigido a piene mani in una delle sue estremità. Facendolo partire da dietro la schiena, usatelo per picchiare con tutte le vostre forze un letto o una panchina. Contemporaneamente urlate (dev'essere un urlo che nasce dalla pancia) "NOOO". Non importa che sappiate a chi indirizzare questo "No". Se il vostro ambiente non vi permette di urlare, mimate l'urlo ed esprimete il "No" col pensiero. Trenta secondi al giorno di questo esercizio cambieranno il vostro stato d'animo. Sarete più rilassati, meno irascibili, dormirete meglio...

Meditazione: rivolgetevi a un centro di meditazione e, una volta che avrete imparato la tecnica, potrete eseguirla da soli a casa.

Cantate a squarciagola (per esempio in macchina). Scegliete un cantante "urlante" (per esempio Pavarotti, Nannini, Bertè,...), mettete il disco o la cassetta e cantate con lui/lei.

Sfogatevi con degli sprint, mentre andate a correre o fate un giro in bici. Buttate tutta la vostra energia in questo sforzo fisico e magari urlate contemporaneamente.

Urlate in spiaggia, davanti al mare, col rumore delle onde che copre la vostra voce.

Varie tecniche di bioenergetica (vedi Bioenergetica di Alexander Lowen in bibliografia).

Ho'oponopono: Nel suo libro *Zero Limits* (vedi Bibliografia), Joe Vitale spiega questo metodo di pulizia spirituale. Nel libro, la parola "pulizia" è citata un centinaio di volte e "ripulire" consiste nel ripetere costantemente: "*Ti amo – Perdonami – Mi dispiace – Grazie*". Occorre dirlo senza neanche sapere a chi ci si rivolge: a se stessi, a un nemico, a interlocutori... Non ha importanza, quel che conta è che il "rumore di fondo" della mente sia collegato su queste semplici parole; allora tutto nella vita diventerà facile e dolce.

Preghiera: Quando la preghiera non è ispirata da interessi materiali e si rivela una pura festa dello spirito, la mente si svuota e i problemi psicologici si dissolvono come neve al sole.

Pregare o cantare come avviene nei monasteri è un eccellente esercizio che dona pace e serenità.

Tecniche antistress con terapista

Spesso le tensioni psichiche si annidano nei muscoli, creando tensioni fisiche. Un terapista bravo può sciogliere queste tensioni, usando una tecnica che provoca un po' di dolore fisico e convogliando questo dolore nello sfogo di dolori esistenziali più profondi.

Generalmente, queste "torture" inducono un rilassamento molto profondo e un senso di benessere che perdura nel tempo o per sempre.

Sono poche le persone per le quali questo dolore non è adeguato e alle quali conviene ricorrere alle tecniche di rilassamento indicate al paragrafo seguente.

Le tecniche che provocano dolore sono:

- il massaggio connettivale (vedi pagina 92)
- la riflessologia plantare (massaggio più o meno doloroso dei piedi, che tonifica anche tutti gli organi)
- il rebalancing o rolfing (massaggio profondo dei tessuti, dei muscoli e degli organi)
- il rebirthing. Questa tecnica non provoca dolore fisico, visto che consiste solamente in un respiro totale guidato da un terapista, ma è in grado di portare a livello conscio traumi e vecchie emozioni e consentirne lo sfogo.

Tecniche di rilassamento eseguite da un terapista

Le tecniche qui elencate sono tutte dolci. Il rischio è che generalmente mettono dei "coperchi" sulle vecchie ferite, che così rimangono latenti e possono continuare a disturbare. Questo può succedere anche con lo yoga, la meditazione o la preghiera, quando la tecnica non viene trasmessa nella sua essenza.

Le tecniche di rilassamento sono a volte così dolci, da togliere ogni barriera difensiva e allora l'emozione viene dolcemente a galla e può essere sfogata ed eliminata.

Tecniche in acqua termale (o calda)

- Aqua-Healing, Watsu, Aqua-Wellness, Oceanic aqua-balancing, Massaggio di Atlantide, Coccoloterapia...
  Sono tecniche abbastanza simili tra loro: si tratta di un massaggio dolce svolto a filo dell'acqua, in una piscina di acqua termale calda, cullati nelle braccia di un terapista. Sono tutte ispirate dal Watsu, creato da Harold Dull (vedi bibliografia).
  Tra tutte preferisco l'Aqua-Healing, che è stato studiato da noi proprio per essere poco invasivo, molto dolce e per consentire alle emozioni di venire a galla.

Tecniche "a secco"

- Reiki (è un massaggio "non massaggio", perché le mani del terapeuta rimangono ferme sul corpo del paziente per due-tre minuti in ogni posizione);
- Massaggio metamorfico o "Metamorfosi" (riflessologia molto sottile e delicata);
- Massaggio olistico (massaggio che coinvolge tutto il corpo e lavora a livello sia fisico che energetico);
- Massaggio ayurvedico (quello indiano basato sulla medicina ayurvedica e praticato su tutto il corpo, con uso di oli profumati) e altri tipi.

Tecniche di rilassamento individuali o di gruppo

Si impara in gruppo una tecnica, che si può poi praticare anche da soli.

Yoga, Training autogeno (una specie di autoipnosi di rilassamento pilotato), Tai-Chi (ginnastica armoniosa con movimenti molto molto lenti che coinvolgono tutto il corpo) sono le principali.

Gruppi di lavoro sul sé

Esistono numerosi centri di meditazione, che propongono dei gruppi di lavoro. Questi gruppi hanno per scopo di scavare nei vostri condizionamenti e liberarvi da questi, consentendo lo scarico emozionale. Ne elenco alcuni, fornendo una breve indicazione del principio su cui si basano:

- Costellazione familiare (o costellazioni familiari): si tratta di una rappresentazione della famiglia di origine attraverso la quale, magicamente, vengono a galla le problematiche di famiglia che sono poi elaborate. Si esegue alla presenza di una decina di persone che accettano di fare da rappresentanti passivi per tutti i membri della famiglia (che non conoscono). Sarà poi il conduttore a spostarli o a farli parlare, per consentire ai problemi della famiglia di venire a galla ed essere risolti. Questo lavoro è spesso indispensabile in un percorso di guarigione.

- Il bambino interiore: si tratta di ripercorrere gli atteggiamenti dei genitori, le mancanze o gli eccessi di amore da parte loro e recuperare quello che ci è mancato o rigettare quello di cui avremmo fatto a meno.
- Tantra del sesso: si tratta di entrare in contatto con i condizionamenti, i divieti e i tabù attraverso i quali viviamo il sesso. Con semplici esercizi di coppia, riscoprirete la naturalezza e la gioia di una vita sessuale sana.

Gruppi di meditazione

Esistono anche gruppi d'incontro, di meditazione o di preghiera, che possono portare a stati di benessere emotivo.

In numerose città sono presenti centri di meditazione; sono molto utili, perché alla diretta portata dell'uomo occidentale "stressato".

Recandovi nelle erboristerie o nei negozi di alimentazione biologica, potrete trovare gli indirizzi di vari centri. Provate a frequentarne uno e, se non vi piace, cambiate liberamente.

Gruppi di "socializzazione"

Mi piace inserire in questa categoria anche tre "gruppi" che esistono ovunque e che hanno delle qualità incredibili di scarico di tensioni:

- i gruppi di teatro: vi consentiranno di esprimervi totalmente in ruoli che mai vi sentireste autorizzati a rappresentare nella vita normale (ma di cui magari avreste una grande voglia): persona arrabbiata, persona volgare, persona sexy, persona gay, persona che piange o che ride ecc. La pratica del teatro consente di prendersi meno sul serio e di sdrammatizzare le situazioni pesanti.
- I gruppi di biodanza: con la danza e col movimento del corpo si scaricano emozioni e si infrangono numerosi pregiudizi e tante inibizioni. Ci sono varie scuole, alcune raggruppate in "Rio Abierto".
- I gruppi di canto, o cori parrocchiali: stimolano il respiro e lo scarico emozionale attraverso la voce.

Pulizia Epigenetica

Nel suo libro "Biologia delle credenze", Bruce Lipton ci spiega con chiarezza il meccanismo dell'epigenetica, cioè dei comportamenti o condizionamenti che riceviamo dai nostri genitori assieme alla loro eredità genetica.

Per poterci ripulire da queste zavorre esistenziali, possiamo aumentare la nostra consapevolezza oppure usare delle tecniche tra cui EFT, Psych-K, EMDR, che sono tutte ampiamente documentate in Internet.

Nel libro *The Key* (Ed. Il Punto d'Incontro, Vicenza), Joe Vitale spiega il metodo EFT assieme ad altri nove metodi.

Parte seconda

NOZIONI RIASSUNTIVE SUI VARI ORGANI

Avvertenza: numerosi consigli e note di diagnosi provengono dal libro di Ohashi (vedi *Diagnosi orientale*, in Bibliografia) e di Lu (vedi *Curarsi con i cibi*, in Bibliografia). Le note di Nuova Medicina provengono dal mio studio della Nuova Medicina e dalla lettura dei libri del dottor Hamer (vedi Bibliografia). Una facile illustrazione dei meccanismi della Nuova Medicina si può trovare anche nel mio libro *Ho provato la Nuova Medicina del dottor Hamer* (vedi Bibliografia).

Il colon

Le funzioni dell'intestino crasso sono l'assorbimento dell'acqua e di pochissime sostanze nutritive e soprattutto l'eliminazione dei rifiuti dal corpo. È importante scaricare il colon (cioè "andare di corpo") una volta al giorno; in caso contrario c'è putrefazione dei rifiuti e l'organismo deve spendere molta energia per combattere le tossine che tendono a tornare in circolo.

Una buona funzionalità del colon aiuta molto nel percorso di guarigione di qualsiasi grave malattia! In certi casi è indispensabile.

La medicina orientale associa l'intestino crasso ai polmoni.

Un deficit di energia nel colon corrisponde generalmente a quello che chiamiamo "intestino pigro": secchezza e congestione delle vie basali e bronchiali e quindi anche costipazione con diarrea in presenza di fibre. Si tratta di disturbi spesso legati a senso di delusione o di disperazione. Un eccesso di energia nel colon avrà per effetto tosse e raffreddore, associati a continua insoddisfazione e risentimento. Quest'organo è associato alla tristezza e al dolore eccessivo. Una situazione duratura di infelicità e di malessere (per esempio il senso di impotenza di fronte a grandi ingiustizie) si rifletterà direttamente sulle funzioni del colon. Generalmente in questi casi si perde coraggio e determinazione, si diventa disfattisti.

Al contrario, un funzionamento regolare del colon genera spensieratezza, gioia di vivere e ottimismo.

Per il dottor Hamer (Nuova Medicina), il tumore al colon è causato da uno shock biologico (shock-evento che lascia col fiato sospeso, ci coglie all'improvviso, in contropiede e viene vissuto in solitudine), dovuto al seguente conflitto: si subisce un fatto (un evento, una parola, un'azione ecc.) schifoso, vile, sporco, infamante.

Generalmente il tumore viene diagnosticato come maligno quando è già entrato in fase di riparazione (la persona ha risolto il suo conflitto e il tumore stesso sta ora "guarendo", cioè svolgendo un processo naturale di riparazione) e quindi anche l'organo si sta riparando... occorre lasciargliene il tempo!

Indici di possibili problemi al colon

I sintomi più evidenti sono la stitichezza e la diarrea, spesso in alternanza. Senso di freddo alla pancia, pancia gonfia o rigida e cefalee sono sintomi di problemi all'intestino crasso. Alcuni segnali esterni sono il pallore nella zona degli occhi e le labbra gonfie. Un piede gonfio e sensibile nella parte della pianta vicino al tallone indica ristagno di feci. Se, premendo la carne nelle mani nel punto d'incontro tra il pollice e l'indice, provate un vero e proprio dolore, avete probabilmente il colon sotto stress (fate attenzione: è normale che tutti sentano un po' di dolore in quel punto). L'alito cattivo e la sudorazione anormale sono ulteriori segnali. Quando il colon funziona bene, si va di corpo con poco sforzo e anche più di una volta al giorno. La pancia è morbida e produce pochi "gorgoglii". Per verificare se il vostro colon funziona bene, mangiate a pranzo una barbabietola rossa. L'indomani, di mattina o al massimo a mezzogiorno, dovreste produrre feci rosse. Se impiegate più tempo o giorni per vedere il colore rosso, significa che l'intestino è lento e il colon non funziona bene.

Per migliorare il funzionamento del colon

(vedi "Pulizia dell'intestino")

Alimentazione

Ci sono sani principi generali, ma non regole universali precise. Le indicazioni variano a seconda dell'individuo e dell'eventuale patologia.

Una cosa certa è che va evitata l'introduzione di cibi avariati o che provocano putrefazione. Quindi, le carni rosse e non biologiche andrebbero evitate. Sembra anche certo che per tante persone le verdure crude risultino difficili da digerire e da eliminare (andrebbero scottate).

Usate il buon senso e cercate di osservare cosa vi fa bene e cosa no. Per esempio, se siete in una situazione di blocco intestinale, la vostra dieta dovrà essere a base di frullati di verdure filtrati e dovrà prevedere un apporto di proteine animali (tuorlo d'uovo, possibilmente ancora liquido). In situazioni di stitichezza, i crauti crudi sono molto utili.

Abbiamo bisogno di fibre, ma non solo di fibre... Un po' di tutto sembra una delle soluzioni sensate, ma cercate di non mescolare troppi cibi diversi in uno stesso pasto e di scegliere cibi di buona qualità (biologici ecc.; vedi *Consigli di benessere alimentare*, in Bibliografia).

Per risolvere una situazione di squilibrio funzionale, un metodo facile e anche piacevole è quello di mangiare a colazione (entro le 8.00) solamente riso integrale crudo (vedi digiuno energetico a pagina 32). Fate questa colazione per sette giorni. Fino a pranzo (ore 13.00) non mangiate più niente, poi a pranzo e a cena prendete quello che volete. Se il riso vi sembra troppo duro, dal terzo giorno potete sostituirlo col grano saraceno.

Massaggi e ginnastica

Per favorire il funzionamento dell'intestino, fate esercizi fisici come:

- il massaggio della zona dell'ombelico, secondo cerchi che seguono il percorso dell'intestino crasso (in senso orario quando vi guardate dall'alto);
- yoga o ginnastica che facciano lavorare la pancia (per esempio mettetevi nella posizione della candela, poi fate scendere lateralmente le gambe unite da una parte e poi dall'altra) ecc.;
- passeggiate, giri in bici, lavori di casa per almeno due ore al giorno, cercando sempre di porre l'attenzione nel rilassare la pancia, le cosce e la zona anale e respirando lentamente e profondamente. Questo tipo di rilassamento deve diventare spontaneo e non ci si deve preoccupare di trattenere la pancia per non farla vedere gonfia agli altri. Ricordate che per gli orientali la pancia è importante, è sede dell'*hara*, della centratura. Andare in bici rilassando la pancia è un'attività molto speciale e piacevole. Camminando con la pancia rilassata, ci si sente più in contatto con la Terra. Per quanto riguarda il respiro, all'inizio potete ritmarlo con i passi o con la pedalata: è molto bello e diventa una meditazione, perché la mente ci si perde facilmente;
- cantare e ballare muovendo il bacino (danza del ventre, danza africana...).

In caso di sangue nelle feci

In caso di perdite lievi, niente panico: per cicatrizzare il colon, provate a bere tisana di salvia (è un antinfiammatorio) e a ingoiare dadini di zenzero. Tenete presente che secondo la Nuova Medicina una breve emorragia è normale e corrisponde alla crisi epilettoide del processo di guarigione (vedi le opere del dottor Hamer e *Ho provato la Nuova Medicina del dottor Hamer*, nella Bibliografia). Se il problema si intensifica o persiste oltre le quarantott'ore, rivolgetevi a un medico.

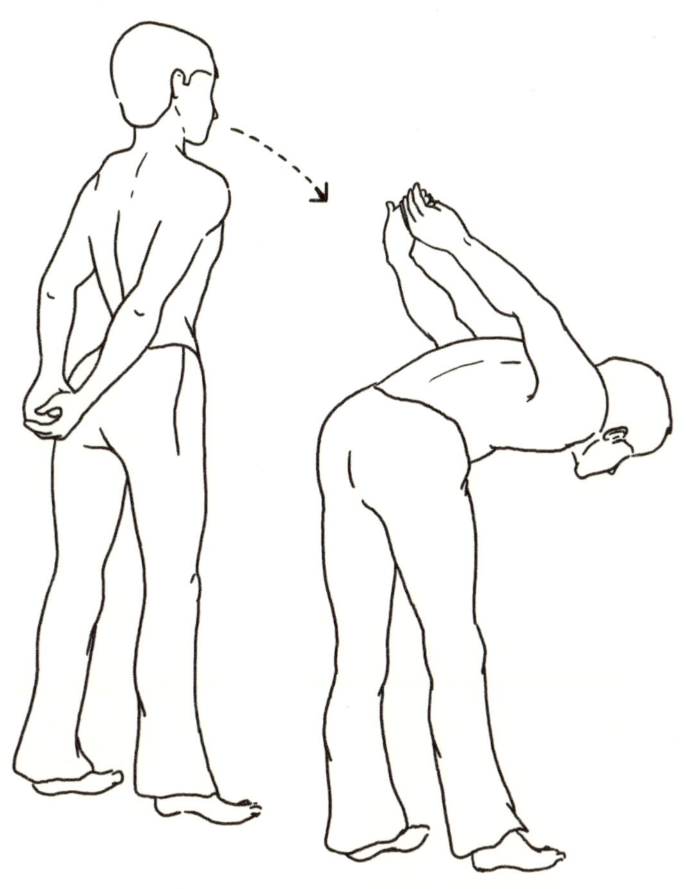

ESERCIZIO:
in piedi con i piedi distanziati come le spalle, gambe tese. Incrociate le mani dietro la schiena, con la mano destra che prende il pollice sinistro. Piegatevi in avanti, alzando il più possibile le braccia tese. Mantenete la posizione piegata, rilassate i muscoli e fate tre respiri con la pancia. Poi tornate lentamente con le braccia dietro la schiena. Invertite la presa tra le mani e ripetete l'esercizio.

Per capire meglio la propria situazione

Il consiglio è di tenere un diario alimentare, strumento indispensabile per riuscire a capire se stessi e per poter personalizzare le numerose teorie attualmente in circolazione. In questo diario dovete riportare come minimo:

- quello che mangiate a ogni pasto e durante il giorno,
- il funzionamento del vostro intestino,
- come dormite e come vi sentite la mattina quando vi alzate.

Inoltre, potete anche aggiungere i vostri desideri di cibi particolari o "vietati", quello che notate sul vostro corpo (gonfiore, stato della pelle, sangue ecc.).

Per capirci qualcosa, occorreranno almeno una ventina di giorni di annotazioni e poi, per trarre le conclusioni, forse dovrete cercare l'aiuto di un'altra persona non coinvolta emotivamente (un dietista o altro).

Potrete allora individuare lo stile di vita e gli alimenti più adatti a voi.

Uso dell'aloe

Non ho mai fatto uso dell'aloe e non la conosco molto. Esistono 200 varietà di aloe. Le più usate dalle proprietà riconosciute scientificamente sono l'aloe vera (nome scientifico: *Aloe barbadensis Miller*) e l'*aloe aborescens.* Hanno un'azione depurante, rigenerante, antiossidante, cicatrizzante e regolano l'intestino.

La ricetta di Padre Romano Zago è un frullato di foglie di aloe aborescens, con miele e un po' di brandy. Si dice che abbia proprietà antitumorali.

Personalmente non apprezzo molto l'uso dell'alcool. Comunque il motivo per il quale inserisco l'aloe nel capitolo riguardante l'intestino crasso è che numerose (proprio tante) persone che avevano una grave patologia in corso, associata a stitichezza, mi hanno detto che l'assunzione giornaliera di un terzo di bicchiere di succo di aloe (generalmente aloe vera) ha risolto il problema e dato grande sollievo.

Amarsi nella pancia

È il titolo del mio libro uscito nel 2011. Ha per oggetto "la pancia", la sua intelligenza, il funzionamento del sistema gastro-intestinale, i parassiti e come coccolare questa parte del nostro corpo. Ho cercato di spiegare tutto quel che può riguardare il colon.

I polmoni

Il respiro è il nostro primo contatto con il mondo esterno. Possiamo respirare superficialmente o profondamente, di pancia o di petto, con la parte sinistra o con la destra. I polmoni rivitalizzano il sangue, eliminando l'anidride carbonica e immettendovi ossigeno. Dal modo in cui respiriamo si può capire come ci inseriamo nel mondo e in quale misura assorbiamo l'energia vitale. Se i polmoni non funzionano bene o se respiriamo poca aria, la nostra capacità di accogliere la vita in noi è minore.

Con l'espirazione eliminiamo anche le tensioni. Le nostre capacità di esseri pensanti dipendono dal buon funzionamento dei polmoni che, tramite il sangue, cedono al cervello un quarto dell'ossigeno assorbito.

Nei polmoni l'incontro tra inspirazione ed espirazione è quello della vita con la morte, è perciò legato alla spiritualità.

Se questi organi funzionano bene, siamo sereni ed equilibrati.

Se invece ci sono problemi in questa parte del corpo, saremo in affanno, soffriremo di squilibri emotivi e di apprensione.

Secondo la medicina orientale i polmoni sono associati al colon (intestino crasso) nell'elemento Metallo, grazie al quale è possibile il raggiungimento della purezza.

Un deficit di energia nei polmoni ha per conseguenza una cattiva ossigenazione, quindi facilità ad ammalarsi (raffreddori, tosse secca) e senso di pesantezza alla testa. Un eccesso di energia nei polmoni corrisponde a energia repressa, presenza di muco, tendenza all'asma.

Per gli orientali, il fumo da solo non è causa di problemi polmonari. Lo è solamente in associazione a una cattiva alimentazione (soprattutto agli eccessi di proteine animali), che produce depositi di acido urico nei polmoni sui quali aderiscono poi la nicotina e il catrame. Va anche segnalato che il tabacco di tipo tradizionale (sigaretta che si spegne, se non si "aspira aria") ed essiccato all'aria libera, non contiene né zuccheri né additivi e risulterebbe non dannoso per la salute; a riprova di questo, c'è il noto fatto che in Turchia, finché c'erano solo le sigarette locali, l'incidenza dei tumori ai polmoni era molto lieve; da quando le sigarette estere hanno conquistato una buona fetta del mercato, il tasso di questo tipo di tumore è fortemente aumentato.

Per il dottor Hamer (Nuova Medicina), il cancro ai polmoni (alveoli polmonari) è causato da uno shock biologico (shock-evento che lascia col fiato sospeso, ci coglie all'improvviso, in contropiede e viene vissuto in solitudine) dovuto al seguente conflitto: si subisce uno shock di paura della morte (propria o di una persona cara), per esempio tramite una telefonata improvvisa. Generalmente, il tumore viene diagnosticato come maligno quando è già entrato in fase di riparazione (la persona ha risolto il suo conflitto e il tumore stesso sta ora "guarendo", cioè sta svolgendo un processo naturale di riparazione)... occorre lasciargliene il tempo!

I problemi ai bronchi, invece, sono dovuti alla paura per la percezione del proprio territorio come minacciato (per esempio il collega di lavoro ci "scavalca", temiamo il fumo degli altri, nostro figlio non studia ecc.) oppure alla paura di morire soffocato. In fase attiva i bronchi si ulcerano e compaiono tosse secca e senso di bruciore; in fase di riparazione, senso di oppressione e tosse grassa.

Indici di possibili problemi ai polmoni

La dimensione dell'apertura delle narici indica il nostro tipo di respiro. Narici molto chiuse indicano un respiro scarso o insufficiente. Tosse, raffreddore e asma sono sintomi di un funzionamento insufficiente dei polmoni. Il pallore del viso di un bel bianco, oppure il biancore "privo di vita", con eventuali guance rosse che si distinguono nettamente sul viso pallido, possono indicare la possibilità di ammalarsi nei polmoni.

Alito cattivo, sudore con odore "forte", occhiaie scure (macchie scure) permanenti sotto gli occhi, sono tutti segnali di una cattiva ossigenazione dell'organismo.

Per migliorare il funzionamento dei polmoni

Occorre essenzialmente re-imparare a respirare profondamente (vedi sopra "Pulizia dei polmoni").

Per taluni è quasi indispensabile affidarsi a un maestro o a una scuola, nella quale vengano praticati esercizi di respiro profondo e di eliminazione delle tensioni (arti marziali, yoga, bio-energetica...).

Si può anche seguire la via dello sport (nuoto, corsa a piedi), ma è comunque indispensabile l'apprendimento di una tecnica di respirazione di pancia, profonda e tranquilla. Le passeggiate in luoghi tranquilli e dall'aria pura sono molto indicate.

Se i polmoni riprendono vita, dopo una prima e normale fase di espulsione di catarro, comincerete a sentirvi più vitali.

Per contribuire alla guarigione da un raffreddore con febbre

Mettete a cuocere del riso integrale in acqua salata (sale marino integrale). Prima di andare a letto, bevete una tisana di cannella molto concentrata e mezz'ora dopo mangiate il riso stracotto. Aspettate un quarto d'ora e poi andate a letto ben coperti (eventualmente col berretto e la sciarpa). Se funziona, di notte suderete e al mattino, dopo una doccia purificante, sarete in piena forma.

Infiammazione della gola

Un rimedio da prendere al primo sintomo di infiammazione della gola (o tonsille): un litro d'acqua con mezzo cucchiaino raso di sale marino integrale, con il succo di due limoni e due cucchiai da minestra di miele. Mescolate e sorseggiate (facendo gargarismi) durante tutta la giornata.

In caso di forte infiammazione, magari associata alla presenza di afte in bocca, mettete in un bicchiere d'acqua un oggetto d'argento più puro possibile (braccialetto, posata), previamente pulito con bicarbonato, e lasciatelo a bagno almeno dodici ore. Poi usate l'acqua per sciacqui e gargarismi. Non ingoiate l'"acqua argentata", ma sputatela. Le infiammazioni si risolvono più in fretta.

In caso di ristagno di muco

Per accelerare la soluzione di problemi di ristagni polmonari, variate la posizione nel sonno (sui due lati, di pancia, di schiena) e fate esercizi ginnici o di yoga a testa in giù. Il respiro di vapori caldi di acqua con sale (marino integrale) e due gocce di olio essenziale di eucalipto e l'applicazione di cataplasmi caldi (semi di lino e senape) sui bronchi sono ottime terapie. È utile anche dormire ponendo a contatto della pelle del petto delle foglie di cavolo crudo, che saranno state un po' schiacciate con una bottiglia o un mattarello, in modo da consentire la fuoriuscita del loro "succo". Non dimenticate l'indispensabile eliminazione dei latticini (yogurt compreso).

Alimentazione

Evitate i latticini e i grassi, cioè latte, burro, yogurt, formaggio e derivati e i fritti e gli eccessi di olio. In caso di tosse che non si risolve, evitate anche il pesce azzurro (sardine e sgombro). Le cipolle, l'aglio, il cavolo cappuccio, le carote, i cavolfiori, i cetrioli e il sedano sono tutti indicati. La tisana di zenzero è eccellente.

Ginnastica

Fermatevi all'aria aperta e respirate profondamente a occhi chiusi per alcuni minuti, possibilmente rivolti verso il sole. Di sera, prima di andare a letto, cambiate l'aria della stanza per ossigenarla (sono sufficienti pochi minuti). Se possibile, dormite con la finestra aperta.

Camminate, correte, cantate. La mattina iniziate la giornata con esercizi di respiro e di apertura dei polmoni.

La bicicletta è indicata, perché vi permette di raggiungere rapidamente luoghi ossigenati e perché il movimento delle gambe aiuta il funzionamento dell'intestino crasso, che è l'organo associato ai polmoni; abbiate cura di non usare un manubrio stretto e di respirare profondamente.

La respirazione "Divine Healing" spiegata nel capitolo "Pulizia dei Polmoni" è un ottimo esercizio. Sarà una pratica eccellente per le persone anziane che si muovono poco. Insegnate loro a farlo contando da 1 a 20 e poi da 20 a 1. Inoltre, dovrebbero seguire le mani con lo sguardo, girando la testa verso l'alto e poi verso il basso; questo dona mobilità al collo e migliora la vista. A pagina 110 potete trovare una descrizione completa di questa variante.

Cataplasma caldo

Nel caso di problema costante ai polmoni o bronchi, può essere molto utile applicare cataplasmi caldi nel seguente modo. Comperare in farmacia o erboristeria le bustine di semi di lino e senape predisposte.

In un tegame mettere pochissima acqua e portare a ebollizione, versare i semi e mescolare fino a ottenere una pasta calda, gelatinosa e densa. Cospargere questa pasta su un panno di cotone per creare un cataplasma, che va applicato sul torso nudo avendo cura di non scottare la persona, interponendo eventualmente strati di tessuto. Tenere più a lungo possibile e sempre caldo. L'effetto benefico viene non solo dal calore, ma anche dall'olio che sprigionano i semi.

Il cuore e l'intestino tenue

Se il cuore e l'intestino tenue sono in forma, si avverte un senso di tranquilla resistenza fisica. Aumentano inoltre il senso di gioia e la capacità di amore incondizionato. Vi sembrerà strano, tuttavia comincerete ad avere un certo successo nella vita e sarete apprezzati dagli altri.

Secondo la medicina orientale, il cuore e l'intestino tenue sono due organi associati nell'elemento Fuoco. L'intestino tenue è in grado di riconoscere gli alimenti e di estrarne le sostanze essenziali necessarie per produrre un buon sangue. Svolge anche un ruolo molto importante per l'assimilazione del ferro, indispensabile per l'ossigenazione del sangue.

I sentimenti che colleghiamo naturalmente al cuore (amore, gioia, fiducia e gratitudine) rafforzano le funzioni del cuore e dell'intestino tenue.

Se ci sono problemi a questi organi, fisicamente avremo difficoltà e scarsa resistenza nel compiere esercizi fisici, dal punto di vista psicologico saremo tendenzialmente tristi e pessimisti.

Indici di possibili problemi al cuore

Un segno quasi certo di problemi al cuore è la sudorazione al palmo delle mani.

Altri segnali sono:

- sensazione di oppressione o di tensione nella regione del plesso solare,
- bisogno di doversi schiarire spesso la gola,
- un solco centrale sulla lingua o la lingua molto rossa, liscia e lucente,
- un forte segno nella parte inferiore centrale del naso,
- una piega molto evidente (grossa ruga) nel punto in cui l'orecchio (il trago) si attacca allo zigomo, (vedi freccia 2 nel disegno dell'orecchio del capitolo "La milza, il pancreas e lo stomaco"),
- un viso rubicondo o pallidissimo possono essere altri segni di predisposizione a problemi cardiaci.

Se vi sentite ansimanti, in affanno, in stato di tensione cronica, in preda a stress e irrequietezza significa che l'intestino tenue è sotto stress e lo stomaco non digerisce bene il cibo (forse la masticazione è troppo veloce o insufficiente).

In questi casi, il viso è tendenzialmente rosso, c'è tendenza all'ipertensione e le emozioni si accumulano.

Un viso pallido è segno di anemia, cattiva circolazione e ristagno del sangue, insufficiente assorbimento di sostanze nutritive da parte dell'intestino. Ci si sente privi di forze di fronte agli avvenimenti. Si tende a "perdere coscienza", quando ci si alza di colpo. In questi casi, c'è tendenza all'ipotensione.

In caso di problemi al cuore, l'atteggiamento generale nei confronti della vita è più pessimista. Ci si stanca facilmente, c'è la tendenza a balbettare, la propensione ad attacchi isterici di pianto o di riso. Si possono anche notare volontà di possesso, disarmonia ed egoismo.

Nei casi gravi si osservano: ipertensione e ipotensione, tachicardia, dolori momentanei forti al centro del torace, tendenza ad ansimare dopo uno sforzo non eccessivo.

Secondo il dottor Hamer (Nuova Medicina), i disturbi cardiaci sono causati da uno shock biologico (shock-evento che lascia col fiato sospeso, ci coglie all'improvviso, in contropiede e viene vissuto in solitudine) dovuto al seguente conflitto: si prende paura per l'organo stesso, per esempio per la prestazione del proprio cuore o di quello di una persona cara, oppure si subisce un vero e proprio attacco al cuore (con un coltello ecc.).

L'anemia si verifica in fase attiva di un conflitto di auto-svalutazione, la leucemia in fase di riparazione (per esempio: non mi considero o non mi considerano abbastanza valido per realizzare un progetto).

Invece l'infarto avviene nel corso della fase di riparazione di un conflitto per il quale si deve all'improvviso fronteggiare un concorrente che invade il nostro territorio, in un momento che la Nuova Medicina chiama "crisi epilettoide" (vedi le opere del dottor Hamer, nella Bibliografia).

Per migliorare il funzionamento del cuore

Prima fase di trattamento

Dedicatevi a esercizi di ginnastica dolce come il Qi Qong, il Tai-Chi e camminate all'aria pura.

Eliminate l'alcool, mantenendo eventualmente nei pasti un lieve consumo (mezzo bicchiere) di vino rosso non trattato o biologico, nei casi di tendenza all'ipotensione.

Eliminate carni rosse, uova, latticini e grassi animali.

Consumate un cucchiaio da minestra al giorno di olio di semi di girasole (vedi *Consigli di benessere alimentare* e *Il metodo Kousmine*, in Bibliografia).

La sera, dedicatevi ad attività tranquille, come ascoltare musica classica o da meditazione, leggere un bel libro, conversare con amici, bere una tisana rilassante (borragine); evitate la violenza in TV ecc.

Per la tisana di borragine bollite le erbe in acqua per cinque minuti, poi filtrate. Bevetene una tazza poco prima di coricarvi.

Secondo la medicina allopatica, spesso è consigliabile l'eliminazione totale del sale. Questa indicazione può essere utile se si parla del sale da cucina (raffinato), tuttavia numerosi studi dimostrano che conviene invece mantenere una normale assunzione di sale marino integrale (vedi *La cura di tutte le malattie*, *Consigli di benessere alimentare* e le opere di René Quinton, nella Bibliografia).

Seconda fase di trattamento

Continuate la prima fase, curando l'alimentazione e mangiando grano integrale, riso integrale, cavolini di Bruxelles, porri, erba cipollina, lenticchie rosse, fragole e lamponi, verdure fresche crude, tutte sempre di stagione. Usate olio di germe di grano.

In caso di sangue stagnante

I sintomi sono: occhiaie nerastre, vasi capillari sulla superficie del naso rotti, labbra anormalmente scure, gengive nere o violette, mal di testa (vedi "Pulizia del sangue", pagina 101).

Indici di possibili problemi all'intestino tenue

L'intestino tenue è preposto all'assimilazione degli alimenti. In caso di scarso assorbimento di sostanze nutritive, insorge l'anemia. Alcuni sintomi sono il viso con forte pallore, la scarsa energia, la stitichezza, l'appendicite, cefalee, mani e piedi freddi.

Da un punto di vista psicologico, anche se si è coscienti del proprio valore, c'è un'incapacità a sfruttare le proprie risorse, si è troppo riflessivi, c'è la tendenza a reprimere le emozioni.

Secondo il dottor Hamer (Nuova Medicina), il tumore all'intestino tenue è causato da uno shock biologico (shock-evento che lascia col fiato sospeso, ci coglie all'improvviso, in contropiede e viene vissuto in solitudine) dovuto al seguente conflitto: non si riesce ad accettare una situazione che viene imposta (ingiustizia, anormalità), per esempio il figlio di un cattolico annuncia ai suoi genitori che si sposa con una musulmana divorziata.

Generalmente, il tumore viene diagnosticato come maligno quando è già entrato in fase di riparazione (la persona ha risolto il suo conflitto e il tumore stesso sta ora "guarendo", svolgendo un processo naturale di riparazione) e anche l'organo si sta riparando... occorre lasciargliene il tempo!

In caso di indigestione

Questa è dovuta alla presenza di un eccesso di cibo, che impedisce all'intestino di assimilare o di eliminare altro cibo. Non mangiate niente. Bevete latte di riso tiepido oppure un brodo di verdure (possibilmente fresche). Per qualsiasi problema all'intestino tenue, il miglior rimedio è il digiuno. Bevete succo o tisana concentrata di bardana.

Per mantenere cuore e intestino tenue in forma

Alimentazione

(vedi sopra nel "trattamento").

- Evitate i cibi piccanti.
- Usate quantità sostanziali, ma moderate di sale marino integrale (circa 15 g al dì). Evitate assolutamente qualsiasi quantità di sale bianco raffinato (puro cloruro di sodio).
- Evitate le bevande come gazzose, cola, caffè, bibite ad alto contenuto alcolico ecc.

Generalmente, le noci nostrane sono molto buone per il funzionamento dell'intestino. L'ideale sono le noci fresche, che vanno mangiate con la loro pellicola marrone sottile e amara.

Ginnastica

1. Seduti sul pavimento, incrociate le gambe piegate. Incrociate le braccia, mettendo la mano destra sul ginocchio sinistro e viceversa. Piegatevi il più possibile in avanti. Una volta raggiunto il punto di massima flessione, rimanete in quella posizione e respirate dolcemente rilassando il corpo e la schiena a ogni espirazione. Ottenuto il massimo rilassamento, fate due respiri profondi e terminate l'esercizio con dolcezza.

2. Come al punto 1, ma le gambe sono piegate in posizione di ginocchia allargate, le piante dei piedi sono unite. Senza incrociare le braccia,

prendete nelle mani i due piedi e piegatevi in avanti.

3. Fate attività fisica (vedi prima fase del trattamento). Il ciclismo è lo sport più adatto. Dedicatevi al ciclismo in modo progressivo, ma usate una bici leggera in grado di darvi delle soddisfazioni.

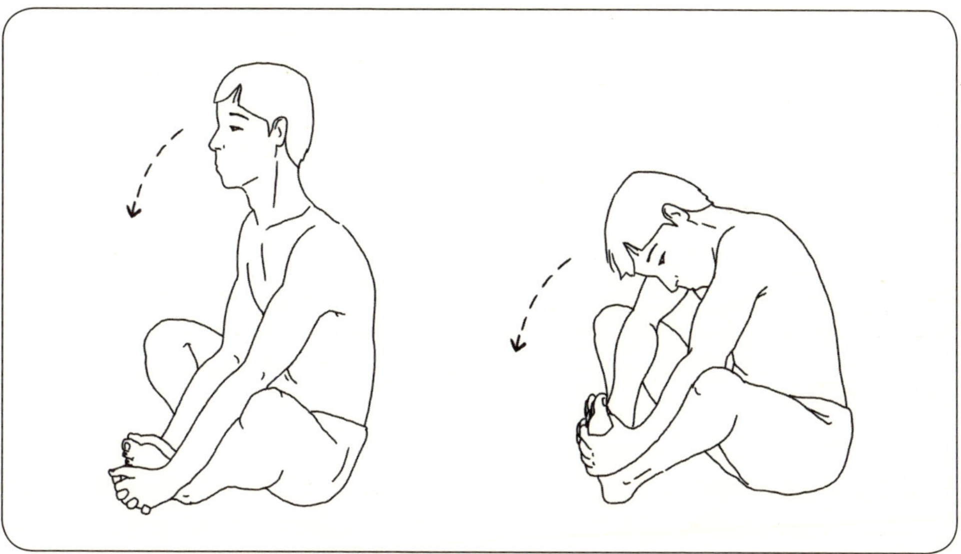

Curare il fegato

Le condizioni del cuore dipendono direttamente da quelle del fegato. Questo è anche confermato dalla medicina cinese. Occorre quindi evitare di sovraccaricare questo organo e prendersene cura (evitate soprattutto il consumo di fritti, droghe, grassi animali) ed eventualmente eseguite la "Pulizia del fegato" (vedi pagina 46).

Il fegato e la cistifellea

Se il fegato è in forma, si è meno irascibili e scattosi, si diventa "amorevolmente vulnerabili". L'assimilazione dei cibi nell'intestino tenue è migliore. Il sonno diventa profondo, i sogni meno "tragici". La sensibilità all'alcool aumenta moltissimo.

Secondo la medicina orientale, il fegato è il magazzino di energia del nostro corpo, svolge la depurazione del sangue, produce cellule immunitarie ed enzimi digestivi.

La cistifellea (o vescicola biliare) viene considerata un compagno molto utile al buon funzionamento del fegato. L'emozione associata a questi organi è la rabbia: gli eccessi di rabbia danneggiano l'organo, mentre felicità, calma e rilassamento gli permettono di funzionare al meglio.

Se siete molto irascibili, è probabile che il vostro fegato stia soffrendo.

Il deficit di energia si manifesta con stanchezza degli occhi, scarsa energia sessuale, irascibilità ed eccesso di sensibilità. L'eccesso di energia si manifesta con ossessioni, alcolismo, emorroidi, gonfiori di pancia.

Secondo il dottor Hamer (Nuova Medicina), il tumore al fegato è causato da uno shock biologico (shock-evento che lascia col fiato sospeso, ci coglie all'improvviso, in contropiede e viene vissuto in solitudine) dovuto al seguente conflitto: avviene un fatto che ci fa pensare che rischiamo di morire di fame (spesso è un problema di soldi, oppure una dieta troppo rigida imposta col "terrore", per esempio può trattarsi di una cartella esattoriale ricevuta per posta, oppure del divieto di mangiare il cibo preferito).

Generalmente, il tumore viene diagnosticato come maligno quando è già entrato in fase di riparazione (la persona ha risolto il suo conflitto e il tumore stesso sta ora "guarendo", svolgendo un processo naturale di riparazione) e quindi anche l'organo si sta riparando… occorre lasciargliene il tempo!

Invece, i problemi ai dotti biliari sono legati a un rancore profondo dovuto a ingiustizia o tradimento, a collera che non si sfoga completamente.

In fase attiva abbiamo ulcera dei dotti. In fase di riparazione, ittero (si diventa gialli).

Trattamento di pulizia della cistifellea e del fegato

(Vedi "Pulizia del fegato" a pagina 46).

Indici di possibili problemi al fegato e alla cistifellea

Dolore in caso di pressione nella parte destra sotto-costale del corpo, al termine del torace. Propensione a soffrire di vertigini.

La presenza di due rughe profonde nella zona del terzo occhio (al centro della fronte, tra le sopracciglia), delle piccole striature longitudinali sull'unghia degli alluci, un colorito della pelle più giallo, il bianco degli occhi più giallo sono diversi sintomi di sofferenza del fegato.

Un sintomo molto evidente di sovraccarico del fegato si trova nei capelli: forfora e caduta eccessiva.

Nei casi acuti, avvertiremo un dolore, che può essere lancinante, alla parte inferiore (centrale e destra) del torace e/o della schiena.

Delle feci bianche sono il chiaro segnale che la cistifellea è otturata da calcoli biliari. In questo caso è urgente eseguire il trattamento descritto sopra in "Pulizia del fegato".

Per mantenere il fegato in forma

Alimentazione

I peggiori nemici del fegato sono le droghe e i prodotti chimici (compresi alcool e caffè). Sono poi da eliminare drasticamente tutti i tipi di grassi e gli oli (cominciando da quelli animali) cotti o fritti. Un po' d'olio di qualità (biologico) per condire l'insalata non fa male. Per i carnivori, preparate carne magrissima alla griglia.

Un cucchiaio da minestra di olio d'oliva (o di semi di girasole biologico) di eccellente qualità, ogni mattina a digiuno mantiene il fegato in eccellente forma.

Evitate anche di bere bevande fredde.

L'alimentazione può essere varia: cereali integrali, verdure, alghe (wakame), pesce. Usate sale marino integrale. Non abbondate con le leguminose (soia, fagioli ecc.).

Per dare sollievo al fegato, occorre mangiare meno: alzatevi da tavola con un po' di fame.

Ginnastica

Seduti sul pavimento, allargate al massimo le gambe. Alzate le braccia sopra la testa e poi piegatevi in avanti, cercando di toccare le dita di uno dei piedi con le mani. Una volta raggiunto il punto di massima estensione, rimanete in quella posizione (se ci riuscite, tenete con le mani la punta del piede), respirate dolcemente, rilassando sempre più il

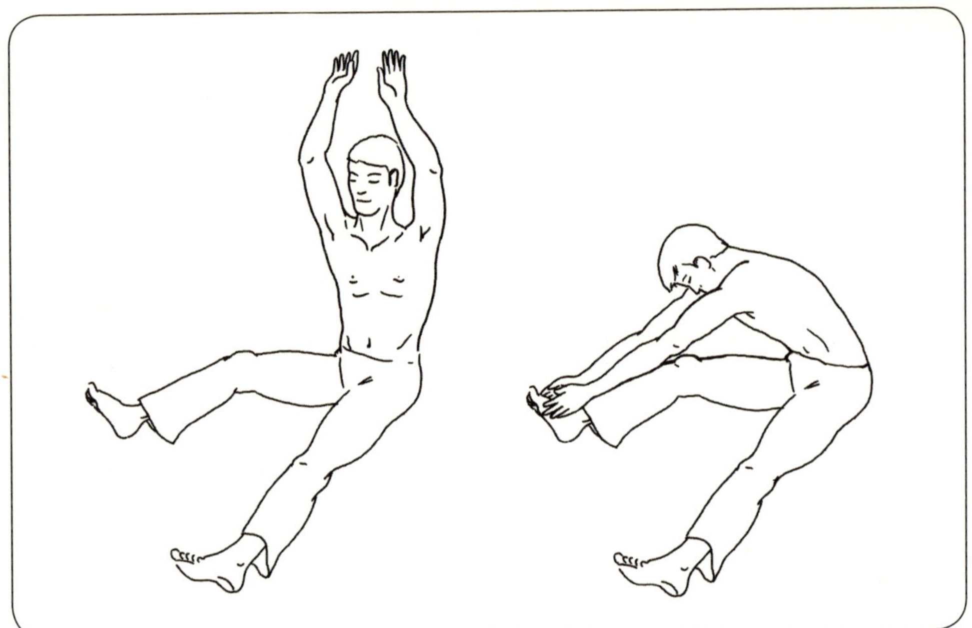

corpo e la schiena a ogni espirazione. Ottenuto il massimo rilassamento, fate due respiri profondi.

Ripetete sull'altra gamba e terminate l'esercizio con dolcezza.

Impacco caldo

Nel caso di problema costante al fegato, può essere molto utile applicare impacchi caldi nel seguente modo. Prendere una busta di gel blu che si usa per i freezer e scaldarla in acqua calda o sul termosifone. Posizionarla sulla zona fegato-stomaco per almeno 20 minuti (evitando di scottare la pelle) una o due volte al giorno.

Questo sistema aumenta il livello energetico di una persona malata o sofferente.

I reni

Se i reni sono in forma, c'è un senso di leggerezza fisica, di fiducia nella vita e negli altri, svaniscono le paure e sopraggiunge un sentimento di sviluppo e di espansione.

Secondo la medicina orientale, i reni sono associati alla vescica. Se avete problemi all'una, spesso ne avete anche agli altri. I reni sono gli organi preposti a "filtrare". Perciò, se essi non funzionano bene, avremo delle difficoltà, nella nostra vita, a distinguere il bene dal male; la nostra capacità di giudizio sarà scarsa e faticheremo a risolvere problemi del passato lontano e recente, in quanto non riusciremo a identificarli con chiarezza.

Quindi avremo spesso paura di quello che ci possono fare gli altri e dei nostri propri errori. Ci sentiremo vittime della vita.

Fisicamente, dimostreremo una grande sensibilità al freddo. Nel caso di problemi ai reni che permangono senza essere trattati, registreremo una perdita dell'udito.

Secondo il dottor Hamer (Nuova Medicina), i problemi ai reni sono causati da uno shock biologico (shock-evento che lascia col fiato sospeso, ci coglie all'improvviso, in contropiede e viene vissuto in solitudine) dovuto ai seguenti conflitti:

- (per i tubuli collettori): ci si ritrova in una situazione nella quale ci si sente profughi, per esempio si deve far fronte a uno sfratto, a un ricovero improvviso, a un licenziamento eccetera. In fase attiva abbiamo il cosiddetto "blocco renale" e in riparazione si urina tanto e ci si sgonfia.
- (per il tessuto parenchimale): si subisce un conflitto di minaccia vitale da liquido (annegamento, valanga, flebo ecc.). In fase attiva abbiamo problemi di ipertensione, in fase di soluzione avremo cisti renali dapprima liquide e poi indurite.
- (per il bacinetto renale): si subisce un'azione che ci impedisce di raggiungere o di marcare il nostro territorio (per esempio una frana impedisce di raggiungere la propria casa, o a causa di un'epidemia non si può più andare al lavoro, oppure il proprio partner diventa "irraggiungibile"). In fase attiva, ci sono spasmi, calcoli renali e non si riesce a urinare. In fase di riparazione abbiamo coliche renali.

Indici di possibili problemi ai reni

Rigidità generale del corpo, una zona più scura ed eventualmente plissettata e gonfia sotto gli occhi e le orecchie rosse possono segnalare un cattivo funzionamento dei reni. Dolore alla pianta del piede se si sta in piedi a lungo. Gonfiore sotto gli occhi al risveglio. Atteggiamento generale più contratto, minor serenità di vita. Nei casi gravi: comparsa di dolore frequente alla schiena (poco sopra la vita), che tende a propagarsi anteriormente.

Una tendenza a costante ed eccessiva sudorazione su tutto il corpo può essere dovuta a una disfunzione renale.

I disturbi renali possono essere associati a un'irregolarità del pH delle urine. Si ricorda che il pH dovrebbe avere sempre un valore superiore a 6,8 (vedi capitolo "pulizia del sangue").

Per rettificare il valore del pH si usano generalmente minerali alcalinizzanti che però potrebbero creare depositi nei reni.

In caso di disturbi ai reni, è meglio correggere il pH con il solo aiuto di cibi alcalinizzanti e assumere contemporaneamente vitamina C.

Per migliorare il funzionamento dei reni

Prima fase di trattamento

(Vedi metodo semplice a pagina 39)

Seconda fase di trattamento

(Vedi metodo sale/no sale a pagina 40)

In caso di crisi di dolore ai reni

(Vedi metodo Treben a pagina 41)

In caso di colica renale

Prendere immediatamente 20 g di sale amaro (vedi "Pulizia del fegato") ed eventualmente riprenderne altri 20 g dopo due ore. Durante questo tempo e fino a due ore dopo non mangiare niente e bere solo acqua minimamente mineralizzata.

Per mantenere i reni in forma

Alimentazione

Consumate leguminose (fagioli, fave, piselli, ceci, fagiolini, e possibilmente tanti azuki). Mangiatele di preferenza al pasto del mezzogiorno (per evitare problemi notturni di flatulenza). Usate quantità sufficienti di sale marino integrale. Evitate assolutamente qualsiasi quantità di sale bianco raffinato (puro cloruro di sodio).

Il consumo di carne provoca la contrazione dei reni.

Bevete circa un litro e mezzo al giorno di acqua con residuo secco inferiore a 50 mg/l. Bere quantità maggiori può stancare i reni. Bere troppo poco favorisce la comparsa di calcoli renali.

Evitate cavolini di Bruxelles, asparagi e cacao.

L'orzo e il grano saraceno sono i cereali più indicati per i reni.

Consumate anche alghe (kombu, hijiki e nori) in grande quantità. Potete cuocerle con le leguminose: ne diminuiranno l'effetto di flatulenza.

Nella vostra cucina fate grande uso di zenzero.

Evitate le bevande come aranciata, cola, le bibite ad alto contenuto alcolico, il caffè ecc.

Ginnastica

1. Seduti sul pavimento, allungate le gambe tese in avanti e, piegandovi in avanti sulle gambe, cercate con le mani di afferrare le dita dei piedi o di raggiungere le caviglie. Una volta raggiunto il punto di massima estensione, rimanete in quella posizione, respirate dolcemente rilassando il corpo e la schiena a ogni espirazione. Ottenuto il massimo rilassamento, fate due respiri profondi e terminate l'esercizio con dolcezza.

2. In piedi: mettetevi nella posizione base del Divine Healing (vedi pagina 109), poi:

a. fate sette respiri totali (vedi pagina 107) e lenti, poi sfregate le mani con vigore l'una contro l'altra. Applicate le mani direttamente sulla pelle nella zona dei

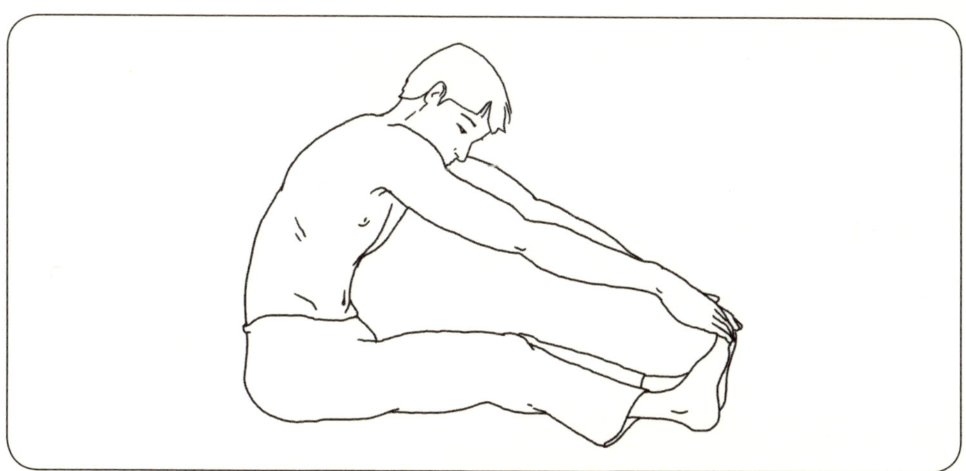

reni e visualizzate energia benefica che passa dalle mani ai reni;

b. con i pugni chiusi, picchiettatevi la schiena nella zona dei reni con il dorso delle mani;

c. eseguite il massaggio connettivale (vedi pagina 92) nella zona dei reni.

3. Fatevi fare un massaggio connettivale (schiena e reni).

La milza, il pancreas e lo stomaco

Se lo stomaco e la milza sono in forma, vi sentirete più leggeri, avrete una maggiore comprensione del mondo e delle difficoltà che vi si presenteranno. Vi sentirete più radicati nella realtà sociale. Avrete più volontà e maggior buonsenso.

Va precisato che il cosiddetto "dolore alla milza", che si avverte in occasione di sforzi sportivi, non è dovuto alla milza, bensì a presenza di gas nella curva ad angolo che il colon descrive sotto il pancreas. La milza è situata molto più indietro, quasi sopra il rene sinistro.

Per risolvere questo problema basta generalmente smettere di correre, massaggiare con ampi cerchi delle dita la zona dolorante e fare qualche respiro profondo col diaframma, in modo da spostare l'aria imprigionata.

Secondo la medicina orientale, la milza e il pancreas costituiscono un organo energeticamente unico.

Essi sono inoltre associati allo stomaco e assieme a questo fanno parte dell'elemento "Terra".

Le funzioni collegate a questi organi sono il gusto, l'analisi e il ragionamento.

Se questi organi funzionano bene, si è vivaci, concreti, si ha la tendenza a compiere azioni utili per la società. Se invece ci sono problemi a questi organi, si risulta "pesanti", si analizzano troppo fatti e comportamenti, finendo per perdersi nei ragionamenti, si è intransigenti e asociali oppure troppo accondiscendenti e sempre insoddisfatti.

La medicina allopatica ufficiale, fino a poco tempo fa, attribuiva scarsa utilità alla milza, che veniva facilmente asportata chirurgicamente.

Indici di possibili problemi alla milza e al pancreas

Disturbi mestruali, impotenza, sensazione di freddo o senso di pesantezza agli arti. Tendenza ad avere le articolazioni di mani e piedi che si gonfiano o si deformano.

Pelle dei piedi come "lucidata" o screpolata. Dolori sullo "spigolo" interno del piede (dall'alluce al tallone). Eccesso di comprensione o indulgenza verso se stessi e verso gli altri.

Secondo il dottor Hamer (Nuova Medicina), il tumore al pancreas è causato da uno shock biologico (shock-evento che lascia col fiato sospeso, ci coglie all'improvviso, in contropiede e viene vissuto in solitudine) dovuto al seguente conflitto: si subisce un evento (parola, telefonata, fatto, azione,...) che ci priva di un "boccone" che già "pregustavamo" (per esempio un'eredità prevista non ricevuta ecc.).

Generalmente, il tumore viene diagnosticato come maligno quando è già entrato in fase di riparazione (la persona ha risolto il suo conflitto e il tumore stesso sta ora "guarendo", svolgendo un processo naturale di riparazione e quindi anche l'organo si sta riparando)... occorre lasciargliene il tempo!

I problemi alla milza sono legati a un conflitto col sangue (per esempio a una forte emorragia vista o subita). In fase attiva abbiamo calo di trombociti (trombocitopenia). In fase di soluzione abbiamo splenomegalia (ingrossamento della milza), che solo in casi gravi deve essere parzialmente asportata.

Alluce valgo

Questa "particolarità" è tipica delle persone con disturbi alla milza.

Si parla spesso di ereditarietà, ma sarebbe meglio parlare di predisposizione ereditaria.

Si tratta di un problema tipico delle persone molto inserite nel sociale, che si danno da fare più per gli altri che per se stesse, ma che sotto sotto rimangono insoddisfatte. Individuato per tempo, si può curare con un po' di "sano egoismo", con sandali infradito, con

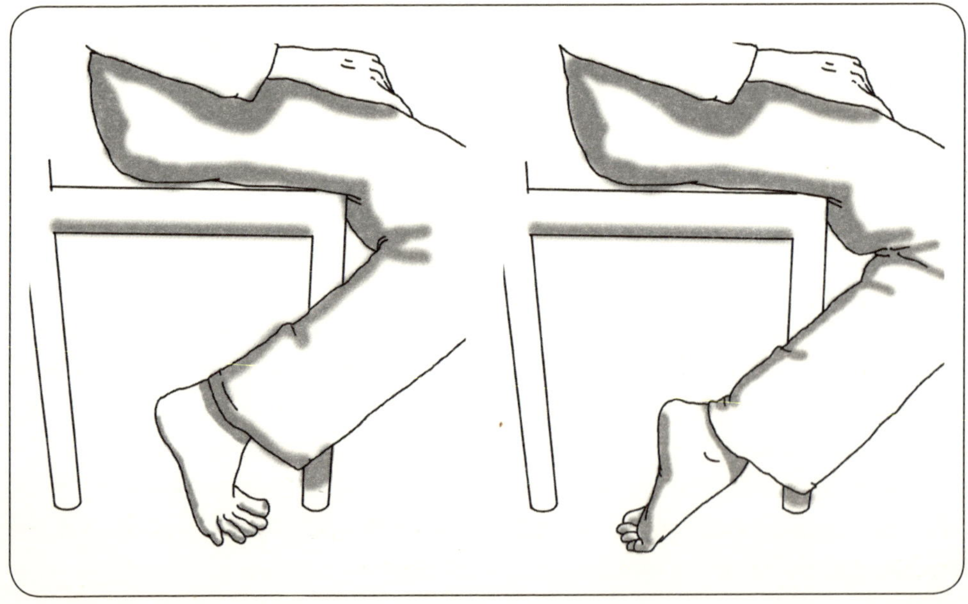

scarpe che non facciano male e con un esercizio che consiste nell'appoggiare, quando si è seduti su una sedia, il peso delle gambe ripiegate all'indietro vicino ai piedi della sedia, sulla punta (cioè sulle prime falangi) delle dita dei piedi alternativamente ripiegati all'indietro e in avanti (vedi disegno). Personalmente ho osservato due casi di "guarigione miracolosa" da alluce valgo.

Ho anche visto casi in cui un intervento chirurgico ha risolto egregiamente il problema (anche se in due altri casi un'operazione non riuscita ha peggiorato la situazione).

Segno sull'orecchio

Se esiste il segno di una linea dritta (piega rientrante) sul lobo di ognuna delle orecchie, come indicato nel disegno, può essere un avvertimento che il pancreas deve essere curato o un segnale che c'è un problema al pancreas. In questo caso, curate la vostra alimentazione. Notate che questo segno può spesso essere confuso con quello provocato dall'uso frequente di orecchini pesanti, anche se la sua inclinazione è leggermente meno verticale. Ricordo che il segno "2" corrisponde a possibili disturbi circolatori (vedi "Il cuore e l'intestino tenue").

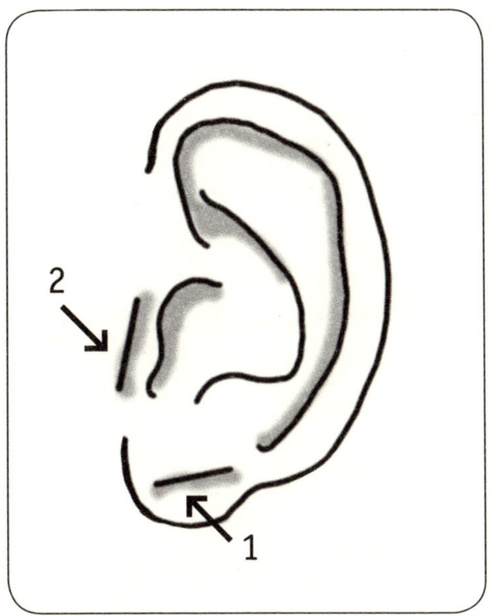

Indici di possibili problemi allo stomaco

Dolore in caso di pressione nella parte centrale-sinistra sotto il plesso solare, al termine del torace.

Tendenza a mangiare troppo o pochissimo, desiderio di cibi o bevande fredde, gassate e zuccherate.

Tendenza a essere sempre di fretta o a essere nevrotici.

Se le labbra sono screpolate, o se il loro bordo è rosso e irritato, possono costituire un segno di problema allo stomaco.

Anche una lingua sempre eccessivamente bianca è indice di possibili problemi allo stomaco. Una lingua sana dovrebbe presentare una leggerissima patina bianca (induito).

Le feci maleodoranti indicano una cattiva digestione, che può essere connessa a problemi di stomaco.

Dei solchi trasversali sull'unghia dell'alluce indicano un'alimentazione irregolare con cattiva digestione, che spesso si manifesta con bruciori di stomaco.

Secondo il dottor Hamer (Nuova Medicina), i problemi allo stomaco sono causati da uno shock biologico (shock-evento che lascia col fiato sospeso, ci coglie all'improvviso, in contropiede e viene vissuto in solitudine) dovuto ai seguenti conflitti:

nel caso del piloro, della piccola curvatura e del bulbo del duodeno, si subisce un evento di contrarietà "territoriale" (es. vicino di casa, collega di lavoro, parente invadente...) che provoca un forte rancore e rabbia, in una situazione che ci si sforza di digerire. In fase attiva abbiamo ulcera, in fase si riparazione sanguinamento e diagnosi di "tumore ulcerante".

Nel caso del resto dello stomaco (inclusa la grande curvatura) e del duodeno (eccetto il bulbo), si subisce una situazione disgustosa, che si ripete ed è pesante, che provoca delusione, impotenza, depressione. In fase attiva c'è pesantezza dello stomaco, in fase di soluzione-riparazione c'è nausea, vomito, difficoltà a digerire.

Trattamento di ristabilimento dell'equilibrio dello stomaco

I problemi allo stomaco sono dovuti a un eccesso di acidità. Occorre quindi eliminare dall'alimentazione tutti i cibi acidi (frutta, aceto, zucchero, bevande gasate). Evitate anche i cibi piccanti.

Un trattamento d'urgenza prevede l'uso, come bevanda, di tè bancha o tè allo zenzero; come condimento si utilizzerà acidulato di umeboshi (che in realtà è alcalino) e/o salsa di soia e come cibo si eviterà la carne, dando la precedenza ai cereali e preferendo riso integrale molto cotto, miglio e zucca.

Il consumo regolare di brodo di miso risolve spesso problemi di acidità o ulcere. Diluite in una tazza di acqua bollente un cucchiaino di Hatcho Miso (disponibile nei negozi di alimentazione biologica, vedi *Consigli di benessere alimentare*, nella Bibliografia).

Occorre anche aumentare moltissimo la salivazione. Per questo occorrerà masticare molto di più i cibi e durante il giorno si potrà tenere in bocca il nocciolo di una prugna o masticare una gomma non zuccherata (ma è meglio sceglierla zuccherata, piuttosto che avvelenata con il dolcificante aspartame!).

Tutti gli alimenti vegetali, le alghe e il sale marino integrale rinforzano lo stomaco e la milza, perché contengono tanti minerali che arricchiscono l'elemento "Terra" di cui fanno parte questi organi.

Per mantenere milza, pancreas e stomaco in forma

Alimentazione

Applicate il più possibile le indicazioni fornite a proposito del trattamento di ristabilimento.

Imparate a masticare sempre più i cibi.

Utilizzate cibi integrali (ricchi di minerali). Il cavolo riccio è consigliato.

Per attivare lo stomaco, è meglio iniziare il pasto con cibi ben caldi o solidi.

L'alimento più salutare per la milza è la zucca (è ottimo consumarne anche i semi). Come frutto, scegliete il melone (ottimi sono anche i semi). Come cereali, è utilissimo il miglio (fate un "migliotto" simile al "risotto"), il tutto sempre da coltivazione biologica.

Evitate lo zucchero bianco raffinato e le bevande dolcificate. Come sale, utilizzate esclusivamente il sale marino integrale (lo riconoscerete facilmente, perché è un po' grigio e resta sempre un po' umido).

Ginnastica

Sedetevi a gambe piegate sui talloni e lasciatevi andare indietro fino a poggiare la schiena e la testa sul suolo; le braccia sono tese sopra la testa e poggiano sul suolo. Rilassatevi e fate tre respiri molto profondi (vedi figura a pag. 148).

All'inizio questo esercizio sembra spesso impossibile da eseguire, una sorta di tortura cinese. Cominciate mettendo un grosso cuscino sotto il sedere tra i talloni aperti e predisponete altri cuscini per appoggiare la schiena e la testa. Col tempo riuscirete a fare a meno dei cuscini.

All'inizio partite con le braccia lungo il corpo, aiutatevi prendendo appoggi con le mani per mettervi nella posizione distesa all'indietro, e solo allora allungate le braccia sopra la testa come illustrato. Successivamente potrete iniziare partendo con le braccia dall'alto.

Questo esercizio è eccezionale per i meridiani della milza e dello stomaco.

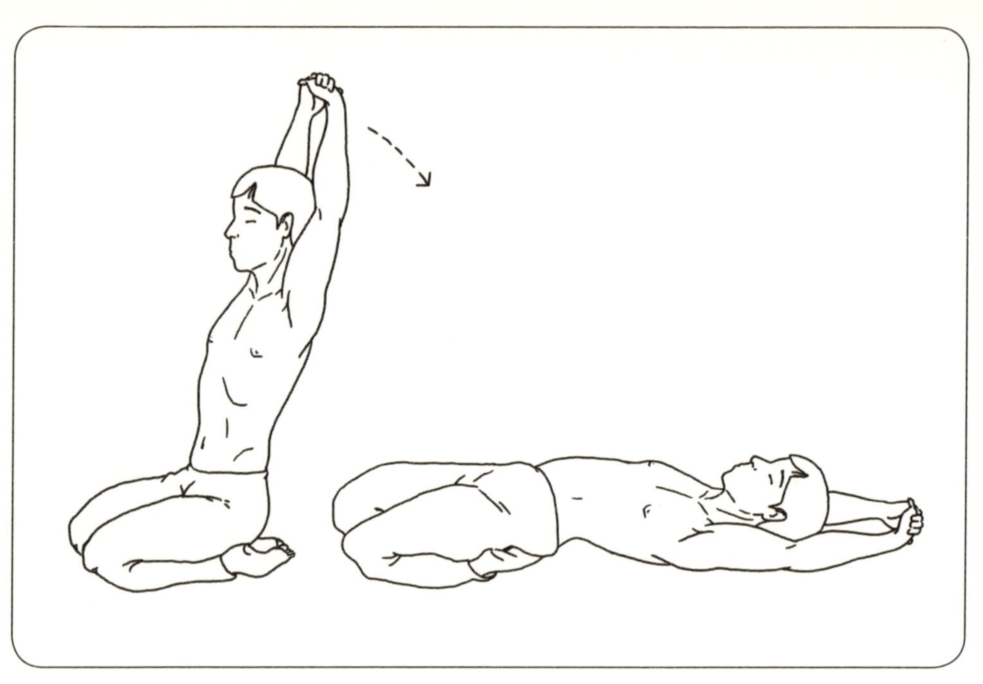

Buona rimessa a nuovo!

Auguri di maggior consapevolezza!

Bibliografia

1. "Lo Spirito dell'Himalaya", Swami Amar Jyoti, Ed. Il Punto d'Incontro. *Un libro molto utile per entrare nel mondo dei grandi maestri dell'India e capire il loro percorso di vita.*
2. "La cura di tutte le malattie", Hulda Regehr Clark, Macro Edizioni. *In dettaglio tutti i suoi metodi per liberarsi dai parassiti. Istruzioni molto pratiche.*
3. "Medicina, inganno totale", Robert Lombardi, Ed. Lombardi, Liège, Belgio. *La denuncia di tutti gli inganni della medicina "ufficiale" e la proposta di alternative semplici e poco costose* (libro non più reperibile).
4. "Cancro e leucemia", Rudolf Breuss, Ed. di Medicina Naturale - 0438-401168 - emnsnc@libero.it. *Un piccolissimo libro che spiega come praticare il digiuno e beneficiare delle sue virtù. Un prontuario che descrive l'uso di alcune tisane e spiega come liberarsi da malattie tra cui la leucemia.*
5. "Il sale, il grande amico del nostro organismo", Gihad Hassan Katrib, Edizioni Zanetel Katrib. *Un libriccino che elenca tutte le virtù del sale e fornisce le indicazioni per le sue molteplici applicazioni come "farmaco universale".*
6. "Consigli di benessere alimentare", Pierre Pellizzari, Edizioni Il Punto d'Incontro, Vicenza. *Un libro che fornisce indicazioni sufficienti, essenziali, dettate dal buon senso. Da avere in casa.*
7. "La salute dalla farmacia del Signore", Maria Treben, Edizioni Ennsthaler, 4402 Steyr, Austria. *Consigli ed esperienze con le erbe medicinali e le piante comuni, uso e composizione del famoso sciroppo di "Erbe svedesi".*
8. "Intestino libero", Bernard Jensen, Macroedizioni. *Molto chiaro e completo, illustra chiaramente i vantaggi del lavaggio del colon e spiega in dettaglio la procedura del "colema".*
9. "Il metodo Kousmine", Ass. Medica Kousmine Internazionale, Edizioni Tecniche Nuove. *Se vuoi prendere in mano la tua salute e "ribaltarla" in meglio, qui trovi tutto il necessario.*

10. "Vedere bene senza occhiali", Christopher Markert, Edizioni Red. *La descrizione fedele del metodo Bates.*

11. "Preferisco vederci chiaro", Loredana De Michelis, Edizioni Amrita. *In uno stile vivo, avvincente, la descrizione degli "occhiali a buchetti".*

12. "Guarire la prostata in 90 giorni", Larry Clap, Macroedizioni. *Chiaro e completo, fornisce consigli per la vita: alimentazione, igiene, tantra del sesso, ginnastica, meditazione ecc.*

13. "Il medico di se stesso", Naboru Muramoto, Editore Feltrinelli. *Manuale pratico di autocura sulla base della medicina cinese, con un elenco alfabetico di patologie con modalità di intervento.*

14. Opere di R. Quinton (in francese): "Eau de Mer, milieu organique", Masson - Parigi 1902 (recentemente ripubblicato dalle Editions Encre, collection Sciences du vivant); "Sur l'action thérapeutique de l'eau de mer", S. de Biologie - Parigi; "Des injections sous-cutanées d'eau de mer", La Presse Médicale - Parigi. *Tante conoscenze da sfruttare...*

15. "Diagnosi orientale", Ohashi, Edizioni Castello. *Piacevole e divertente, Ohashi ti spinge a trasformare la tua vita e ad ascoltare il tuo corpo. Da leggere!*

16. "Curarsi con i cibi", Henry C. Lu, Red Edizioni. *Indispensabile per chi vuole applicare gli insegnamenti della medicina cinese alla propria alimentazione. Chiaro e facile da usare.*

17. Opere del dottor Hamer: "Introduzione alla Nuova Medicina, il capovolgimento diagnostico", "Il Testamento per una Nuova Medicina", Ryke Geerd Hamer, Edizioni Amici di Dirk, www.nuovamedicina.com - distribuito anche da Macroedizioni. *Due libri che spiegano con grande chiarezza le teorie di Hamer.*

18. "Ho provato la Nuova Medicina del dottor Hamer", Pierre Pellizzari, Edizioni Il Punto d'Incontro. *Attraverso storie vere e casi clinici, aiuta a capire e spiega le leggi biologiche della Nuova Medicina.*

19. "Talassoterapia, curarsi con il mare", Sylvie Lalague, Red Edizioni. *Dall'inizio alla fine, si è portati dall'entusiasmo dell'autrice. Tutto sul benessere offerto dai mari.*

20. "L'acqua che beviamo", Giorgio Temporelli, Franco Muzzio Editore. *Tutto sull'acqua e i suoi componenti, con l'occhio critico della "medicina ufficiale".*

21. "Espansione e integrazione del corpo in Bioenergetica" (Alexander Lowen e Leslie Lowen), Edizioni Astrolabio. *Spiegazione del concetto e manuale di esercizi pratici.*

22. "La biologia delle credenze", Bruce Lipton, Macro Edizioni. *Per amare e capire la vita e le sue meraviglie.*

23. "The Key", Joe Vitale, Edizioni Il Punto d'Incontro. *Un libro-manuale chiaro e*

pratico per poter dare una svolta alla propria esistenza, del tipo: "provare per credere".

24. "Sugar Blues, il mal di zucchero", William Dufty, Macro Edizioni. *Molto piacevole da leggere, ci mostra come il commercio dello zucchero è stato causa di guerre, illustra i danni dello zucchero raffinato, fornisce consigli di vita e dietetici, il tutto basato anche sull'esperienza personale dell'autore. Da leggere... assolutamente!*

25. "Cucina per una vita nuova", Helen Magariños-Rey, Macro Edizioni. *Un libro di ricette di alimentazione macrobiotica (non di strette vedute), molto facili da eseguire e con l'indicazione dell'utilità di ogni cibo per la propria salute. In appendice ci sono indicazioni di pronto soccorso con prodotti naturali.*

26. "Latte e formaggio", C. Corvino, Macro Edizioni. *Per rimettere in questione tutte le "leggende" riguardanti il latte e i suoi derivati.*

27. "Il vangelo esseno della pace", E. Bordeaux Szekely, Edizioni Manca. *Un testo bello, poetico che sottolinea come la salute fisica proceda di pari passo con quella spirituale.*

28. "Trasmutazioni biologiche e fisica moderna", Louis Kervran, Editore Aquarius Giannone. *Spiegazioni inconfutabili che sconvolgono il concetto di "nulla si crea, nulla si perde".*

29. "La vita segreta delle piante", Peter Tompkins, Il Saggiatore Tascabili. *Le nostre amiche piante ci danno lezioni di vita.*

30. "Zero Limits", Joe Vitale, Edizioni Il Punto d'Incontro. *Energia quantica? Forza del pensiero? È tutto così semplice e potente?*

31. "Watsu, lo Zen Shiatsu in acqua", Edizioni Urra. *L'essenza del Watsu spiegata con amore e passione.*

Indirizzi utili

Ce ne sono molti più di quelli indicati. Cercate, datevi da fare, usate Internet (ricordando che esistono numerosi motori di ricerca oltre a Google...). I numeri o gli indirizzi riportati sono stati verificati poco prima della stampa. Nel mondo economico attuale, così dinamico, è probabile che alcune delle indicazioni fornite non siano più valide. Chiediamo al lettore di essere comprensivo.

Prodotti www.drNatura.it o simili:

Navigando in Internet (a questo proposito, vi consiglio di usare il motore di ricerca www.ecosia.org, perché a ogni ricerca farete un regalo all'ambiente) si possono cercare le parole chiave "pulizia dell'intestino, prodotti" e se volete utilizzare quelli di cui ho parlato (Toxinout e Colonix), potete visitare il sito www.drnatura.it. In alternativa, se desiderate, potete cliccare sui siti relativi a prodotti di altre marche con caratteristiche e prezzi diversi.

Inserendo nel sito www.Dr.Natura.it il codice TT5EUGFC al momento dell'acquisto di una confezione completa di Colonix e/o Toxinout avrete uno sconto del 5%.

Nuova Medicina (Leggi biologiche di Hamer)

- www.nuova-medicina-germanica.com - www.nuovamedicinagermanica.it
- www.albanm.com - www.nuovamedicina.com
- Conferenze e corsi introduttivi di divulgazione delle Leggi Biologiche di Hamer (Nuova Medicina): Pierre Pellizzari e amici: www.corsinuovamedicina.org

I prodotti della Clark (antiparassitari, zapper, pulizie varie,...)

- Biomed - Piazza Diaz, 2 - 60123 Ancona - Tel. 071-201788, 3355252513
- biomedsfl@biomedsrl.com - www.biomedsrl.com - www.terapiaclark.it

- "Spazio Ecosalute" - Via Bersaglieri, 2 - 29013 Carpaneto (PC) - Telefono 0523-852872 - info@ecosalute.it - www.ecosalute.it
- Self Health Enterprise - Tel. 0044-1342300023. www.selfhealth.com. Mandano i prodotti con tutte le istruzioni, i dosaggi ecc.
- Dr. Clark Zentrum - Bielstrasse 12 - 3053 Muenchenbuchsee - Svizzera (qui possono fare le analisi previste dal protocollo Clark, vedi Bibl.2) informazioni generali: www.drhuldaclark.it

Pradilla/Lombardi

- I prodotti si possono ottenere tentando le seguenti vie: cercando in Internet "renalia" e "reintox". Visitando i siti: www.amer2africa.com - www.phytosalus.org - www.medicina-natural.com

Chelazione

- Cercare in Internet "chelazione" e "Società Italiana Terapia Chelante".

Idrocolonterapia

- Cercare in Internet "idrocolonterapia", "idroterapia del colon", "irrigazione del colon" associati al nome della vostra città.
- Un dispositivo casalingo per disintasare il colon è proposto e distribuito dalle ditte Bio-Fluff (vedi www.biofluff.it) o My Perfect Colon (www.myperfectcolon.it).

Educazione visiva

- Visitare i siti www.metodobates.it, www.sistemabates.it, www.visionebenessere.it
- Cercare in Internet: "Bates, corsi, e Vs. città"
- Occhiali stenopeici ("rasterbrille"): www.metodobates.it - www.visionebenessere.it

Pulizia "psicologica"

- Centri di meditazione (cercare in Internet con "meditazione e Vs. città")
- Bioenergetica (cercare in Internet con "Bioenergetica e Vs.città)
- Costellazioni familiari: Associazione Bert Hellinger Italia (www.hellinger.it) e cercare seminari con "Costellazioni familiari" e nome Vs.città

Medicina non convenzionale (alcuni riferimenti)

- Cercare in Internet con le seguenti parole: Omeopatia, Antroposofia, Omotossicologia, Dentosofia, Osteopatia, Agopuntura, Ipnosi ecc., associando la parola alla Vs città o alle parole Corso o Medico o Associazione.

Rilassamento

- Cercare in Internet le parole "Massaggio Rilassante", "Massaggio Olistico", Shiatsu, Reiki, magari associato ad Associazione o Centro o Terapie, oppure guardate i volantini nelle erboristerie o ristoranti biologici. A Roma potete anche rivolgervi a www.istitutodiscienzeumane.org.
- Per soggiorni, cercate associando le parole "Terme, rilassamento, soggiorno" oppure con "Centro, massaggio, soggiorno" ecc.
- Aqua-Healing: vedi www.arcadinoi.org. Gli operatori sono poco numerosi, operiamo essenzialmente all'Hotel Garden di Montegrotto (www.gardenterme.it) o alle Terme di Vinadio di Città di Castello. Cercate quindi anche "Aqua-Balancing", "Watsu", sempre associati alle parole "Terme" e Soggiorno".

Vacanze intelligenti e poco costose

- Cercare in Internet: Vacanze Equo-solidali, Ecologiche, Ecoturismo, Turismo responsabile, Turismo sostenibile
- Vedi anche: www.jonas.it, www.TraTerraeCielo.it

Riviste utili reperibili in edicola o in libreria

- AAM Terra Nuova - Riza Psicosomatica - Salute Naturale - L'Altra Medicina - Re Nudo - Terre di Mezzo (www.terre.it) - Vivere consapevolmente (www.macrolibrarsi.it)

Vitamine e integratori

- www.ecosalute.it, www.naturalpoint.it, www.arganiascorbile.it , o cercare in farmacie, parafarmacie, erboristerie ecc.

Pulizia degli organi "assistita"

- Borgo Valdibrucia – alimentazione vegetariana, pulizia degli organi assistita direttamente da Pierre Pellizzari, autore di questo libro – www.valdibrucia.it
- Istituto Palatini – Salzano (VE) - www.palatini.com – ambiente cordiale con assistenza medica in vari aspetti di medicina complementare.
- Cercare anche in Internet "disintossicazione, soggiorno" e magari la regione che vi interessa

Nota sull'autore

Pierre Pellizzari è nato e ha studiato in Belgio; attualmente risiede e lavora in Italia. Da quindici anni, si dedica a tempo pieno alle riflessoterapie e alla naturopatia. I suoi principali interessi sono la scoperta, la sperimentazione e la divulgazione di metodi di miglioramento della salute che siano facilmente applicabili, poco costosi ed efficaci. Tiene incontri individuali e seminari di Riflessologia, Aqua-Healing, Nuova Medicina di Hamer e Benessere Alimentare. Divide il suo tempo tra Padova e Badia Tedalda (AR), dove ha creato una struttura ricettiva per chi vuole migliorare il proprio stato di salute in un'oasi di pace (vedi www.valdibrucia.it, www.arcadinoi.org/casabadia). Per contattare l'autore potete scrivere a: Pierre Pellizzari c/o Associazione Arcadinoi, Via Pizzamano 2, 35127 Padova, oppure Località Valdibrucia, 52032 Badia Tedalda (AR), Pierre@arcadinoi.org

Indice analitico

Le altre pubblicazioni di Pierre Pellizzari

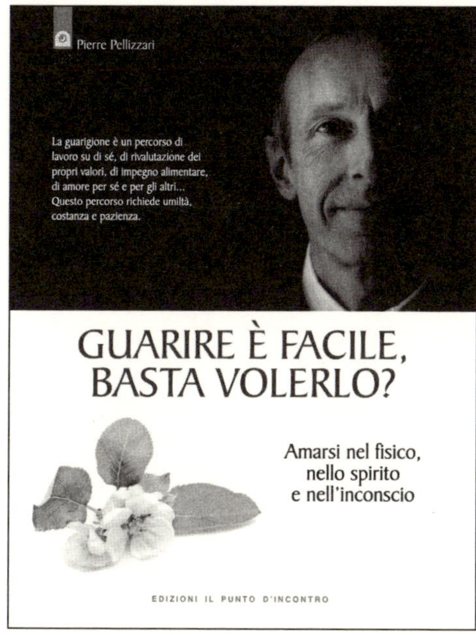

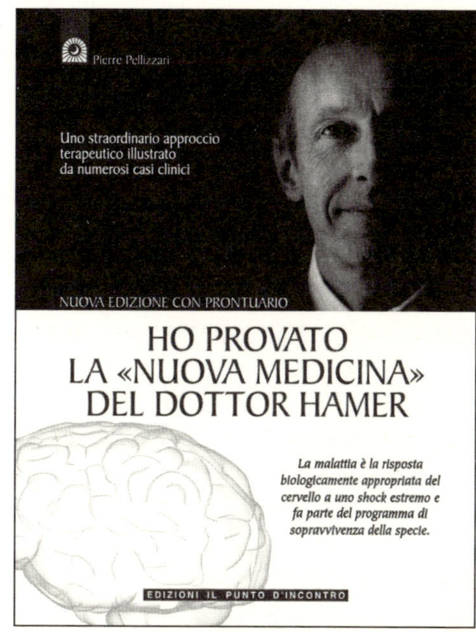

Potete richiedere il catalogo gratuito delle nostre pubblicazioni:
Edizioni Il Punto d'Incontro
Via Zamenhof 685, 36100 Vicenza, Tel. 0444 239189, Fax 0444 239266
www.edizionilpuntodincontro.it